LAS RAÌCES DE NUESTRA GENTE:

DE UN MUNDO A OTRO,

JUNTOS

Por:
Juntos NC
Garner Magnet High School

The Roots of Our People:
From One World to Another—Juntos

By: Juntos NC, Garner Magnet High School
Wake County, North Carolina

2018

The Roots of Our People: From One World to Another--Juntos

SPI Site Educator: Crystal Chen Lee

Juntos NC Founding Members: Andrew Behnke, Cintia Aguilar, and Diana Urieta
Juntos NC Program Director: Juana Hernández-Urquiza
Juntos NC 4-H County Coordinator: Beatriz Velázquez
Juntos 4-H Intern: Stephany Meija

Director, SPI: Roberta Lenger Kang
Founding Director, SPI: Erick Gordon
Director and Founder, CPET: Ruth Vinz
Project Manager: Cristina Romeo
Cover Illustration: Briza Cruz
Cover Design: Kapo Amos Ng
Interior Layout: Crystal Chen Lee
Bilingual Translation: Juntos Authors and Stephany Mejia
Photographs: Juntos NC Staff and Juana Hernandez

Student Press Initiative (SPI), Box 182
The Center for the Professional Education of Teachers
Teachers College, Columbia University
525 West 120th Street
New York, NY 10027
www.tc.cpet/edu

DEDICATION

This book is dedicated to Juntos students and families, and the networks of support who encourage them to pursue their dreams.

DEDICACIÓN

Este libro está dedicado a los estudiantes y familias de Juntos y las redes de apoyo que los alientan a perseguir sus sueños.

FOREWORD

Andrew Behke, Ph.D., CFLE
Associate Professor and Human Development Specialist
North Carolina State University

When we started the Juntos Program 11 years ago, none of us expected the program to benefit thousands of teens and families in communities across 13 states. That realization that thousands of Juntos youth and families are better off because of the tireless efforts of so many is a joyful thing to think about. Without the individual contributions of each youth, each parent, each volunteer, and each staff member, the Juntos Program would not be where it is today. In every Juntos 4-H club, we invite youth to take on a project or two every year to both learn together and give back to their community in some way. The Juntos teens in Garner, North Carolina have created a club that is really stellar. They have really caught the vision of what it means to make a difference in their community, through community service projects, educational events, and a creating a feeling of belonging for Latino youth in their school. This book is the culmination of one such project, a labor of love really. They have put their hearts and souls into sharing some of their most meaningful experiences and hardest moments in life. I hope you take a moment to learn of and to feel what it is like to go through what these youth have gone through, as they share these experiences their own words.

PRÓLOGO

Andrew Behke, Ph.D., CFLE
Associate Professor and Human Development Specialist
North Carolina State University

Cuando comenzamos el Programa Juntos hace 11 años, ninguno de nosotros esperó que el programa beneficiará a miles de adolescentes y familias en comunidades en 13 estados. Es una cosa alegre pensar en que miles de jóvenes y familias de Juntos están mejor debido a los incansables esfuerzos de tantos. Sin las contribuciones individuales de cada joven, cada padre, cada voluntario y cada miembro del personal, el Programa Juntos no estaría donde está hoy. En cada club Juntos 4-H, invitamos a los jóvenes a participar en un proyecto o dos todos los años para aprender juntos y devolver a su comunidad de alguna manera. Los adolescentes de Juntos en Garner, Carolina del Norte han creado un club que es realmente estelar. Realmente han captado la visión de lo que significa hacer una diferencia en su comunidad, a través de proyectos de servicio comunitario, eventos educativos y la creación de un sentimiento de pertenecer para los jóvenes Latinos en su escuela. Este libro es la culminación de uno de esos proyectos, un trabajo de amor realmente. Han puesto sus corazones y almas para compartir algunas de sus experiencias más significativas y los momentos más difíciles de la vida. Espero que te tomes un momento para aprender y sentir lo que es pasar por lo que estos jóvenes han pasado, ya que comparten estas experiencias con sus propias palabras.

About the Founder

Andrew Behnke, Ph.D., CFLE
Associate Professor and Human Development Specialist
North Carolina State University

Andrew O. Behnke, PhD, is an Associate Professor of Human Development and a Cooperative Extension specialist at North Carolina State University in Raleigh, NC. He has served the Latino community for the last 15 years in the realm of youth development and access to higher education. Dr. Behnke, Cintia Aguilar, and Diana Urieta developed the Juntos Program to help Latino families come together to make higher education a reality for Latino youth. He conducts outreach efforts and applied research on academic achievement among Latino youth, parent involvement in academics, dropout prevention, and access to higher education. He has received numerous grants for this work and has published many scholarly articles in the field. He is the father of 6 amazing children and loves going on adventures with them. His life mission is helping Latino youth and their families access and thrive in higher education and beyond.

Sobre el Fundador

Andrew Behnke, Ph.D., CFLE
Associate Professor and Human Development Specialist
North Carolina State University

      Andrew O. Behnke, PhD, es Profesor Asociado de Desarrollo Humano y especialista en Extensión Cooperativa en la Universidad Estatal de Carolina del Norte en Raleigh, Carolina del Norte. Ha servido a la comunidad latina durante los últimos 15 años en el ámbito del desarrollo de la juventud y el acceso a la educación superior. La Dra. Behnke, Cintia Aguilar y Diana Urieta desarrollaron el Programa Juntos para ayudar a las familias latinas a unirse para hacer de la educación superior una realidad para los jóvenes latinos. Él lleva a cabo esfuerzos de divulgación e investigación aplicada sobre el rendimiento académico entre los jóvenes latinos, la participación de los padres en lo académico, la prevención del abandono escolar y el acceso a la educación superior. Ha recibido numerosas subvenciones para este trabajo y ha publicado muchos artículos académicos en el campo. Él es el padre de 6 niños increíbles y le encanta ir de aventuras con ellos. Su misión de vida es ayudar a los jóvenes latinos y sus familias a acceder y prosperar en la educación superior y más allá.

FOREWORD

Citnia Aguilar
Program Manager
North Carolina State University Cooperative Extension

Having Latino families work together to achieve their educational goals was the idea that inspired the creation of Juntos. The concept of working together was soon expanded to include Juntos staff, schools, community members, and partners working together to towards the same goal. As the Juntos family grew so did what Juntos does. We started with the Family Engagement component to later add three more components: Success Coaching and Mentoring, 4-H Clubs, and Summer Academy. Juntos became more than a program but a culture. A culture that believes in the power of working together and the value in being Latino. A culture that proudly recognizes that it's not about where one person was born, but about developing an identity that integrates the past and present for a better future. A culture that promote actions to make changes. The book, *The Roots of Our People: From One World to Another--Juntos,* developed by Garner Juntos 4-H Club is a proof of the culture we all have built Juntos!

PRÓLOGO

Citnia Aguilar
Program Manager
North Carolina State University Cooperative Extension

Que las familias latinas trabajen juntas para lograr sus metas educativas fue la idea que inspiró la creación de Juntos. El concepto de trabajar juntos se amplió pronto para incluir al personal, las escuelas, los miembros de la comunidad y los socios de Juntos trabajando en conjunto para lograr el mismo objetivo. A medida que la familia Juntos creció, también lo hizo Juntos. Comenzamos con el componente Compromiso con la familia para luego agregar tres componentes más: Coaching de éxito y mentoría, Clubes 4-H y Academia de verano. Juntos se convirtió en más que un programa, sino una cultura. Una cultura que cree en el poder de trabajar juntos y el valor de ser latino. Una cultura que reconoce con orgullo que no se trata de dónde nació una persona, sino de desarrollar una identidad que integre el pasado y el presente para un futuro mejor. Una cultura que promueva acciones para hacer cambios. El libro, Las raíces de nuestra gente: de un mundo a otro - Juntos, desarrollado por Garner Juntos 4-H Club es una prueba de la cultura que todos hemos construido Juntos!

About the Founder

Citnia Aguilar
Program Manager
North Carolina State University Cooperative Extension

Ms. Cintia Aguilar is originally from Costa Rica where she attended the University of Costa Rica, obtained a master's degree in psychology and graduated with honors. She started working with Latino families in North Carolina in 1997 in Pitt County at the Outpatient Mental Health Center and later with Pitt County Schools.   Her career with NC State Extension started in 2001 with a focus on programming across Extension's core areas to engage with the Latino Community. One of her principle responsibilities is leading and building N.C. Cooperative Extension's organizational capacity to effectively engage with Latino audiences. Dr. Andrew Behnke, Cintia Aguilar, and Diana Urieta developed the Juntos para una Mejor Educación Program starting in 2007. Cintia is also the co-developer of the Extension Farmworkers Health and Safety Program along with Dr. Susan Jakes. She has been part of the SNAPEd team as a contributor for the development and implementation of the Better Food Better Health Curriculum which is the SNAPEd Curriculum for Latino Families. Cintia also is part of the Health Matters Program team which a Multi-Level Approach to Prevent Obesity.

On a more personal note, I was about 7 years old when I received the first lesson about how education can change the life of a person. My mother at the age of 27, soon after separating from my father, decided to start night school to obtain her high school diploma. About 12 years later she received her masters degree in Social Work. My mother also suffered from severe rheumatoid arthritis, but pain and multiple surgeries never stopped her from achieving her dream to be "una profesional" (a professional). Mami taught me the meaning of resilience and determination throughout her life. This is the same resilience and determination that I have seen in the lives of many Latino families that come to the U.S. in search of a better life for their families.

Sobre el Fundador

Citnia Aguilar
Program Manager
North Carolina State University Cooperative Extension

La Sra. Cintia Aguilar es originaria de Costa Rica, donde asistió a la Universidad de Costa Rica, obtuvo una maestría en psicología y se graduó con honores. Comenzó a trabajar con familias latinas en Carolina del Norte en 1997 en el condado de Pitt en el Centro de salud mental para pacientes ambulatorios y más tarde en las escuelas del condado de Pitt. Su carrera con NC State Extension comenzó en 2001 con un enfoque en la programación en todas las áreas principales de Extension para involucrarse con la comunidad latina. Una de sus responsabilidades principales es liderar y desarrollar la capacidad organizativa de la Extensión Cooperativa N.C. para involucrarse efectivamente con las audiencias latinas. El Dr. Andrew Behnke, Cintia Aguilar y Diana Urieta desarrollaron el Programa Juntos para una Mejor Educación a partir de 2007. Cintia también es co-desarrollador del Programa de

Salud y Seguridad para Extension Farmworkers junto con la Dra. Susan Jakes. Ella ha sido parte del equipo de SNAPEd como colaboradora para el desarrollo y la implementación del plan de estudios Better Food Better Health, que es el plan de estudios SNAPEd para familias latinas. Cintia también es parte del equipo del Programa de Asuntos de Salud que tiene un Enfoque de Varios Niveles para Prevenir la Obesidad. En una nota más personal, tenía alrededor de 7 años cuando recibí la primera lección sobre cómo la educación puede cambiar la vida de una persona. Mi madre a la edad de 27 años, poco después de separarse de mi padre, decidió comenzar la escuela nocturna para obtener su diploma de escuela secundaria. Aproximadamente 12 años después recibió su maestría en Trabajo Social. Mi madre también sufría de artritis reumatoide severa, pero el dolor y las múltiples cirugías nunca le impidieron cumplir su sueño de ser "profesional". Mami me enseñó el significado de la resiliencia y la determinación a lo largo de su vida. Esta es la misma capacidad de recuperación y determinación que he visto en la vida de muchas familias latinas que vienen a U.S. En busca de una vida mejor para sus familias.

About the Founder

Diana Urieta, MSW
Juntos National Program Director and Extension Associate
North Carolina State University

The joy of my work with Juntos is watching students become the leaders they were born to be and watch families gain the resources needed to guide them through the path to educational success. Reading this book inspires me to continue the work that many believe is not needed in today's American society. It inspires me to do more for the future of our country and to be part of our solution. It inspires me to love where I come from and where I am, and that it is a blessing to be who I have become. One thing I have told our Juntos students for years is to "always share your story" and I feel very humbled that this Juntos community in Garner North Carolina are sharing elements of their story and their peoples story in this book.

Sobre el Fundador

Diana Urieta, MSW
Juntos National Program Director and Extension Associate
North Carolina State University

La alegría de mi trabajo con Juntos es ver a los estudiantes convertirse en los líderes que nacieron para ser y ver a las familias obtener los recursos necesarios para guiarlos a través del camino hacia el éxito educativo. Leer este libro me inspira a continuar el trabajo que muchos creen que no es necesario en la sociedad estadounidense actual. Me inspira a hacer más por el futuro de nuestro país y a ser parte de nuestra solución. Me inspira a amar de dónde vengo y dónde estoy, y que es una bendición ser quien he llegado a ser. Una cosa que le he dicho a nuestros estudiantes de Juntos por años es "siempre comparta su historia" y me siento muy honrado de que esta comunidad de Juntos en Garner North Carolina esté compartiendo elementos de su historia y la historia de su gente en este libro.

ACKNOWLEDGEMENTS

This book would not be possible without the foundation of Juntos NC: the students, their families, and all the mentors and staff of Juntos NC who work tirelessly and passionately to work within and for the immigrant community. The authors of this book have captured this very foundation and use these deep-seated roots to mark the continued growth of the Latino/a community.

I want to thank Juntos NC in Wake County for their partnership and for their human and financial resources in this project. I specifically name Juana Hernández-Urquiza, Dr. Andrew Behnke, Cintia Aguilar, and Diana Urieta for their leadership of Juntos NC. I specially name Juana Hernández-Urquiza for her tireless efforts and encouragements in pushing this project forward. Special thanks to Gina García-somuk, 4-H Youth Development Supervisor, for all of her hard work and dedication in the Juntos 4-H program in Wake County. I especially want to thank Beatriz Velázquez for being the on-site coordinator and for being the shining light for the students. A momumental thank you to Stephany Meija for her tireless and meticulous effots on the ground for making sure the publication is a manifestation of the students' stories.

I also thank North Carolina State University for its generous funding and its contribution to seek and meet the needs of immigrants populations in North Carolina. Because of the College of Education's mission and vision to reach the community, this publication can be distributed to even more leaders, educators, and community organizers that advocate for immigrant students.

Last but not least, thank you to the Student Press Initiative staff and Dr. Cristina Compton for their partnership in this project. Their continued dedication in supporting immigrant communities is to be admired.

It is with great honor and immense gratitude that we present this book as the inaugural Juntos NC publication--- we hope this book offers incredible insight and action for how we may all highlight and identify the strengths and community efforts of the Latino community in NC.

Dr. Crystal Chen Lee
Assistant Professor, North Carolina State University
Student Press Initiative Educator

EXPRESIONES DE GRATITUDE

Este libro no sería posible sin la fundación de Juntos NC: los estudiantes, sus familias y todos los mentores y el personal de Juntos NC que trabajan incansable y apasionadamente para trabajar dentro y para la comunidad de inmigrantes. Los autores de este libro han captado esta base y usan estas raíces profundas para marcar el crecimiento continuo de la comunidad latina.

Quiero agradecer a Juntos NC en el condado de Wake por su asociación y por sus recursos humanos y financieros en este proyecto. Nombre específicamente a Juana Hernández-Urquiza, al Dr. Andrew Behnke, a Cintia Aguilar y a Diana Urieta por su liderazgo en Juntos NC. Nombre especialmente a Juana Hernández-Urquiza por sus incansables esfuerzos y estímulos para impulsar este proyecto. Un agradecimiento especial a Gina García-somuk, Supervisora de Desarrollo Juvenil 4-H, por todo su arduo trabajo y dedicación en el programa Juntos 4-H en el Condado de Wake. Especialmente quiero agradecer a Beatriz Velázquez por ser la coordinadora en el sitio y por ser la luz brillante para los estudiantes. Muchas gracias a Stephany Meija por sus incansables y meticulosos efusivos sobre el terreno para asegurarse de que la publicación sea una manifestación de las historias de los estudiantes.

También agradezco a la Universidad Estatal de Carolina del Norte por su generoso financiamiento y su contribución para buscar y satisfacer las necesidades de las poblaciones de inmigrantes en Carolina del Norte. Debido a la misión y visión de la Facultad de Educación de llegar a la comunidad, esta publicación se puede distribuir a incluso más líderes, educadores y organizadores comunitarios que defienden a los estudiantes inmigrantes.

Por último, pero no menos importante, gracias al personal de la Iniciativa de Prensa Estudiantil y la Dra. Cristina Compton por su colaboración en este proyecto. Su continua dedicación en el apoyo a las comunidades inmigrantes debe ser admirada. Es con gran honor e inmensa gratitud que presentamos este libro como la publicación inaugural de Juntos NC. Esperamos que este libro ofrezca una visión y acción increíble sobre cómo todos podemos destacar e identificar las fortalezas y los esfuerzos comunitarios de la comunidad latina en Carolina del Norte.

Dr. Crystal Chen Lee
Assistant Professor, North Carolina State University
Student Press Initiative Educator

TABLE OF CONTENTS

Chapter II:
OF OUR PEOPLE: *Memoirs and Dedications*

Chapter III:
FROM ONE WORLD: *Vignettes*

Chapter IV:
TO ANOTHER: *Letters to the Community*

Chapter V:
JUNTOS: *Essays*

AUTHOR BIOGRAPHIES

APPENDIX

Juntos

INTRODUCTION
Dr. Crystal Chen Lee
Assistant Professor, North Carolina State University

As a child of immigrant parents, I lived in two worlds. In one world, I would go to school in the morning, converse in the English language, read books on adventures of American children living in big cities and small towns, and eat lunch with my friends while talking about the latest thing we saw on television. When the school bus stopped just a block from my house, I would say goodbye to my friends, open the door to my house, and enter a whole new world.

This world included all the reading and writing I learned at school, but its core essence was different: I would converse in Mandarin with my mother (Mama) from Taiwan; eat rice, seaweed, dried shrimp, and whole fish in the evenings (something I would never bring to the lunchroom); and occasionally, listen to my parents talk about stories of my relatives, including my grandparents (Ah-Ma and Ah-Gong) who lived overseas.

In *The Roots of Our People: From One World to Another—Juntos,* the students in Juntos NC are living in these two worlds, and cross a bridge from one world to another just as the sun rises every day. These worlds are not separate, but integrated, and it is the intersections of both worlds that make up the unique character of who they are. A first-generation immigrant myself, the roots of these two worlds represent *who I was* as a student and are still the roots of *who I am* as an educator.

Our journey in writing this book together began in February 2017 when I stepped into Garner Magnet High

School and met this amazing group of authors and educators who have written their powerful words here. We started our book from exploring *where we're from* to *advocating for immigrant and first-generation student rights.* For three months, these authors met every week after school to write and edit their pieces---pieces that are poignant, thoughtful, and frankly, incredibly powerful. In my years as an educator, this project stands as one of the most significant projects because it speaks volumes about what Latino/a immigrant and first-generation students and families are doing right here in our community.

These authors write about their past, present, and future to give our community, our schools, our educators, and our institutions an invaluable insight into what it means to live within and beyond two worlds. Let their words move us to advocacy for their narratives proclaim loudly of the strengths, assets, power, and perseverance of the immigrant community in 2018.

INTRODUCCIÓN

Dr. Crystal Chen Lee
Assistant Professor, North Carolina State University

Como hijo de padres inmigrantes, viví en dos mundos. En un mundo, iría a la escuela por la mañana, conversaría en inglés, leería libros sobre aventuras de niños estadounidenses que viven en ciudades grandes y pueblos pequeños, y almorzaría con mis amigos mientras hablaba sobre lo último que vimos en la televisión. Cuando el autobús escolar se detuvo a solo una manzana de mi casa, me despedí de mis amigos, abrí la puerta de mi casa y entré en un mundo completamente nuevo.

Este mundo incluía toda la lectura y escritura que aprendí en la escuela, pero su esencia central era diferente: conversaría en mandarín con mi madre (mamá) de Taiwán; comer arroz, algas marinas, camarones secos y pescado entero por las noches (algo que nunca llevaría al comedor); y de vez en cuando, escucha a mis padres hablar sobre historias de mis parientes, incluidos mis abuelos (Ah-Ma y Ah-Gong) que vivían en el extranjero.

En *Las raíces de nuestra gente: de un mundo a otro-Juntos*, los estudiantes de Juntos NC viven en estos dos mundos y cruzan un puente de un mundo a otro justo cuando sale el sol todos los días. Estos mundos no están separados, sino integrados, y son las intersecciones de ambos mundos los que conforman el carácter único de quiénes son. Como inmigrante de primera generación, las raíces de estos dos mundos representan quién era yo como estudiante y siguen siendo las raíces de lo que soy como educador.

Nuestro viaje al escribir este libro comenzó en febrero de 2017 cuando entré en Garner Magnet High School y conocí a este increíble grupo de autores y educadores que han escrito sus poderosas palabras aquí. Comenzamos nuestro libro de explorar de dónde venimos a abogar por los derechos de los estudiantes inmigrantes y de primera generación. Durante tres meses, estos autores se reunieron todas las semanas después de la escuela para escribir y editar sus piezas, piezas conmovedoras, reflexivas y, francamente, increíblemente poderosas. En mis años como educadora, este proyecto se presenta como uno de los proyectos más importantes porque dice mucho sobre lo que los inmigrantes latinos y los estudiantes y familias de primera generación están haciendo aquí en nuestra comunidad. Estos autores escriben sobre su pasado, presente y futuro para dar a nuestra comunidad, nuestras escuelas, nuestros educadores y nuestras instituciones una visión invaluable de lo que significa vivir dentro y más allá de dos mundos. Dejemos que sus palabras nos muevan a la defensa de sus narrativas proclamando en voz alta las fortalezas, los activos, el poder y la perseverancia de la comunidad de inmigrantes en 2018.

About the Educator:

Dr. Crystal Chen Lee

Dr. Crystal Chen Lee is an Assistant Professor of English Language Arts and Literacy in the College of Education at North Carolina State University. Her research lies at the nexus of literacy, historically underserved youth, and community organizations. One of her greatest passions is empowering students to have their voices known through reading, writing, and speaking. As a former Student Press Initiative Educator in New York City, she is very excited about this inaugural project with Juntos NC and is inspired by the work of Juntos students in *The Roots of Our People: From One World to Another—Juntos.* Dr. Lee began her teaching experience as a high school English teacher in New Jersey. She received her Ed.D. in Curriculum and Teaching from Columbia University.

As a first-generation immigrant of parents from Taiwan, this book is particularly special to her because she has always believed in the value and work of immigrant community organizations that support immigrant families and students to thrive. Particularly, she believes in the voices and writings of immigrant and first-generation students. As a first-generation student whose first language was not English, she has seen her own journey grow from being an ESL learner to now an English education professor. She thanks her parents, her teachers, her mentors, and other community organizations who have encouraged her along the way. Dr. Lee lives in Raleigh, NC with her amazing husband, Daniel Lee. Together, they are passionate about working with linguistically and culturally diverse cultures in community organizations and churches.

Sobre la Educadora:

Dr. Crystal Chen Lee

Dr. Crystal Chen Lee is an Assistant Professor of English Language Arts and Literacy in the College of Education at North Carolina State University. Her research lies at the nexus of literacy, historically underserved youth, and community organizations. One of her greatest passions is empowering students to have their voices known through reading, writing, and speaking. As a former Student Press Initiative Educator in New York City, she is very excited about this inaugural project with Juntos NC and is inspired by the work of Juntos students in *The Roots of Our People: From One World to Another—Juntos.* Dr. Lee began her teaching experience as a high school English teacher in New Jersey. She received her Ed.D. in Curriculum and Teaching from Columbia University.

As a first-generation immigrant of parents from Taiwan, this book is particularly special to her because she has always believed in the value and work of immigrant community organizations that support immigrant families and students to thrive. Particularly, she believes in the voices and writings of immigrant and first-generation students. As a first-generation student whose first language was not English, she has seen her own journey grow from being an ESL learner to now an English education professor. She thanks her parents, her teachers, her mentors, and other community organizations who have encouraged her along the way. Dr. Lee lives in Raleigh, NC with her amazing husband, Daniel Lee. Together, they are passionate about working with linguistically and culturally diverse cultures in community organizations and churches.

INTRODUCTION

Juana Hernández-Urquiza
North Carolina Juntos Program Director
North Carolina State University

I joined the Juntos Program in the Spring of 2009 as a work-study student. When I first began working with Juntos it had one established component; the 6-week High School Family Engagement Curriculum. This curriculum is a series of workshops for high school youth and their parents aimed to inform and empower families to help their youth achieve academic success. The Juntos Program later expanded its components and was established in various sites across NC and nationally. It has been wonderful experiencing the growth of Juntos and seeing how the program is making great strides and impacts across the country.

In 2015 I joined the Juntos team as the Juntos Program Director. I have been invested in achieving the mission of Juntos; To help Latino students graduate from high school and attend higher education. I am fortunate to be part of a nationally recognized program that is making an impact in many communities. The youth and families in the Juntos Program are my drive and motivation to serve as an instrumental leader that ensures the achievement of our mission. Juntos has given me the opportunity to give back to my community in various ways. I have been able to meet inspirational individuals like Dr. Crystal Lee and others who are passionate about their work.

I am thankful for the great team of leaders and coordinators who really make this program possible and have put their hearts in Juntos. Additionally, I am so proud of the students who have put in the extra hours to put their pieces together and grateful for Beatriz and Stephany for putting in the long hours to make this project happen. This work of literature created by our students is one of the Juntos projects that I am most proud of and it is one of our most memorable accomplishments.

INTRODUCCIÓN

Juana Hernández-Urquiza
North Carolina Juntos Program Director
North Carolina State University

Me uní al Programa Juntos en la primavera de 2009 como estudiante de trabajo y estudio. Cuando comencé a trabajar con Juntos tenía un componente establecido; el plan de estudios de 6 semanas de participación de la familia en la escuela secundaria. Este plan de estudios es una serie de talleres para jóvenes de la escuela secundaria y sus padres con el objetivo de informar y capacitar a las familias para ayudar a sus jóvenes a alcanzar el éxito académico. El Programa Juntos luego amplió sus componentes y se estableció en varios sitios a través de Carolina del Norte y a nivel nacional. Ha sido maravilloso experimentar el crecimiento de Juntos y ver cómo el programa está logrando grandes avances e impactos en todo el país.

En 2015, me uní al equipo de Juntos como Director del Programa Juntos. He sido invertido en lograr la misión de Juntos; Para ayudar a los estudiantes latinos a graduarse de la escuela secundaria y asistir a la educación superior. Tengo la suerte de ser parte de un programa reconocido a nivel nacional que está teniendo un impacto en muchas comunidades. Los jóvenes y las familias en el Programa Juntos son mi impulso y motivación para servir como un líder instrumental que asegura el logro de nuestra misión. Juntos me ha dado la oportunidad de devolver algo a mi comunidad de varias maneras. Pude conocer personas inspiradoras como el Dr. Crystal Lee y otras personas apasionadas por su trabajo.

Estoy agradecido por el gran equipo de líderes y coordinadores que realmente hacen posible este programa y han puesto sus corazones en Juntos. Además, estoy muy orgulloso de los estudiantes que han dedicado horas extra para juntar sus piezas y agradecen a Beatriz y Stephany por las largas horas que han llevado a cabo este proyecto. Este trabajo de literatura creado por nuestros estudiantes es uno de los proyectos de Juntos del que estoy más orgulloso y es uno de nuestros logros más memorables.

About the Educator:
Juana Hernández-Urquiza

My roots originate from Amadores, a small town in the the Municipality of Amatepec, Mexico. I am the daughter of immigrant parents. My father was an alvanil where he worked in the field making 10 pesos a day ($1) and my mother sold chicharrones, elotes, and candy at schools. My father completed a 6th grade education while my mother was only able to complete a 2nd grade education. In 1993, my father decided that it was time for my 7 siblings and I to come to the United States. This decision was made due to the limited opportunities in Amadores, Mexico and the difficulties to make ends meet. When I was only 4 years old we all took the long journey from my small, rural town in Mexico to Raleigh, NC. Today, I understand my parents sacrifices and their desires for a better future for our family. I am proud of my people for their bravery, resiliency, hard work, dedication, and for their unconditional love. The roots of my family have shaped the woman I am today.

I am a first-generation college graduate. I graduated from North Carolina State University in 2012, where I earned my Bachelor's degree in Criminal Justice. After graduating from college I had the opportunity to work with Latino high school students. Since then, I realized the many needs and challenges of the Latinx community. I saw myself in many of the student's. I realized that, like me, many students and their families were not informed of the resources and opportunities for higher education. I was fortunate to have a mentor to help guide me through the process. And now it is my turn to pay it forward. My passion for helping other Latinx youth and their families obtain the resources and tools needed to succeed in school, stems from my experiences as an immigrant, and from my direct practice working with the Latinx population in the school system and within Juntos.

We are the next generation of this country and we owe it to our people to make the best of our educational opportunities.

Sobre la Educadora:
Juana Hernández-Urquiza

Mis raíces provienen de Amadores, un pequeño pueblo en el municipio de Amatepec, México. Soy la hija de padres inmigrantes. Mi padre era un alvanil donde trabajaba en el campo ganando 10 pesos por día ($ 1) y mi madre vendía chicharrones, elotes y dulces en las escuelas. Mi padre completó una educación de sexto grado mientras que mi madre solo pudo completar una educación de segundo grado. En 1993, mi padre decidió que era hora de que mis 7 hermanos y yo viniéramos a los Estados Unidos. Esta decisión se tomó debido a las oportunidades limitadas en Amadores, México y las dificultades que enfrentamos. Cuando tenía solo 4 años, hicimos el largo viaje desde mi pequeño pueblo rural en México hasta Raleigh, Carolina del Norte. Hoy entiendo los sacrificios de mis padres y sus deseos de un futuro mejor para nuestra familia. Estoy orgulloso de mi gente por su valentía, capacidad de recuperación, trabajo duro, dedicación y por su amor incondicional. Las raíces de mi familia han dado forma a la mujer que soy hoy.

Soy una graduada universitaria de primera generación. Me gradué de la Universidad Estatal de Carolina del Norte en 2012, donde obtuve mi licenciatura en Justicia Criminal. Después de graduarme de la universidad, tuve la oportunidad de trabajar con estudiantes Latinos de secundaria. Desde entonces, me di cuenta de las muchas necesidades y desafíos de la comunidad Latinx. Me vi en muchos de los estudiantes. Me di cuenta de que, al igual que yo, muchos estudiantes y sus familias no estaban informados sobre los recursos y las oportunidades para la educación superior. Tuve la suerte de contar con un mentor que me ayudó a guiarme en el proceso. Y ahora es mi turno de pagarlo. Mi pasión por ayudar a otros jóvenes de Latinx y sus familias a obtener los recursos y las herramientas necesarias para tener éxito en la escuela, proviene de mis experiencias como inmigrante y de mi práctica directa trabajando con la población de Latinx en el sistema escolar y dentro de Juntos. Somos la próxima generación de este país y le debemos a nuestra gente aprovechar nuestras oportunidades educativas.

INTRODUCTION

Beatriz Velázquez
Program Coordinator
Juntos 4-H Wake County

I joined the Juntos Program and Wake County 4-H Youth Development as Program Coordinator in October of 2015. Our program provides the students with success coach meetings to support them academically, 4-H clubs to build life skills, family engagement to provide education for college access, and summer programming to provide development opportunities for youth.

I am proud to serve 92 Latinx students and their families in Garner, North Carolina across three sites: East Garner Middle, Garner Magnet High, and the Ninth Grade Center. The success of our program in Wake County is a direct reflection of the commitment the students and parents have invested into furthering their education.

They drive this program. The impact is felt beyond their tight-knit group, as our students and parents have formed a broader community full of hope, support, and encouragement.

These students and their parents inspire me – every single day. The challenges they face, the barriers they endure, remind me of why we must continue to push forward as a community; therefore, a special thanks to all our partners and the staff at Garner Magnet High for the continued support of our students and this program.

Most of all, thank you to the students for creating these works with profound love, soul, vulnerability, and truth. I hope that those reading can fully appreciate this unique glimpse into the shared experiences of a community trying to find their place in this world.

INTRODUCCIÓN

Beatriz Velázquez
Program Coordinator
Juntos 4-H Wake County

Me uní al Programa Juntos y al Desarrollo Juvenil 4-H del Condado de Wake como Coordinador del Programa en octubre de 2015. Nuestro programa brinda a los estudiantes reuniones de entrenadora de éxito para apoyarlos académicamente, clubes de 4-H para desarrollar habilidades para la vida, participación familiar para brindar educación para acceso a la universidad y programación de verano para brindar oportunidades de desarrollo a los jóvenes.

Me enorgullece servir a 92 estudiantes Latinx y sus familias en Garner, Carolina del Norte en tres sitios: East Garner Middle, Garner Magnet High y el Ninth Grade Center. El éxito de nuestro programa en el condado de Wake es un reflejo directo del compromiso que los estudiantes y padres han invertido en promover su educación. Ellos conducen este programa.

El impacto se siente más allá de su grupo muy unido, ya que nuestros estudiantes y padres han formado una comunidad más amplia llena de esperanza, apoyo y aliento.

Estos estudiantes y sus padres me inspiran, todos los días. Los desafíos que enfrentan, las barreras que soportan, me recuerdan por qué debemos seguir avanzando como comunidad; por lo tanto, un agradecimiento especial a todos nuestros socios y al personal de Garner Magnet High por el apoyo continuo de nuestros estudiantes y este programa.

Sobre todo, gracias a los estudiantes por crear estos trabajos con profundo amor, alma, vulnerabilidad y verdad. Espero que aquellos que leen puedan apreciar por completo esta visión única de las experiencias compartidas de una comunidad que intenta encontrar su lugar en este mundo.

About the Educator:
Beatriz Velázquez

Beatriz's roots originate in San Luis Potosí, México where she was born. She immigrated to the United States with her family at the age of four and was raised in Salisbury, North Carolina. Beatriz's parents, like many of the families in the Juntos Program, came to the United States looking for better opportunities for their children.

As a result of her mother and father's long hours of work, countless sacrifices, and unconditional support; Beatriz was the first in her family to graduate from high school and in the top of her class. She earned a Bachelor of Arts degree in Psychology with a minor in Women's Studies from the University of North Carolina at Chapel Hill in May of 2013.

During her undergraduate career at UNC, she served Latinx high school youth in a mentorship program by providing guidance on access to higher education. Familiar with the challenges she faced as a first-generation college student, she was inspired to continue to do work in this community. Since then, she has held various positions in nonprofits across the research triangle area with the strong commitment to continue her mission in increasing visibility, social development, and access to equitable education for underrepresented populations.

Sobre la Educadora:
Beatriz Velázquez

Las raíces de Beatriz se originan en San Luis Potosí, México, donde nació. Ella emigró a los Estados Unidos con su familia a la edad de cuatro años y se crió en Salisbury, Carolina del Norte. Los padres de Beatriz, como muchas de las familias en el Programa Juntos, vinieron a los Estados Unidos en busca de mejores oportunidades para sus hijos.Como resultado de las largas horas de trabajo de su madre y su padre, innumerables sacrificios y apoyo incondicional; Beatriz fue la primera en su familia en graduarse de la escuela secundaria y en la parte superior de su clase. Obtuvo una Licenciatura en Psicología con una especialización en Estudios de la Mujer de la Universidad de Carolina del Norte en Chapel Hill en mayo del 2013.

Durante su carrera universitaria en UNC, ella sirvió a jóvenes Latinx de secundaria en un programa de mentores que proporcionaron orientación acerca del acceso a la educación superior. Familiarizada con los desafíos que enfrentó como estudiante universitaria de primera generación, se inspiró para continuar trabajando en esta comunidad. Desde entonces, ha ocupado diversos puestos en organizaciones sin fines de lucro en el área del triángulo de investigación con el firme compromiso de continuar su misión de aumentar la visibilidad, el desarrollo social y el acceso a la educación equitativa para las poblaciones con poca representación.

INTRODUCTION

Stephany Mejia, MSW
School of Social Work at
The University of North Carolina at Chapel Hill
4H Juntos Intern

In August of 2017, after being matched for my Master in Social Work field placement, I began working alongside the dedicated Juntos team and serving the Latinx students of my old highschool, Garner Magnet High School. As a first-generation college student who had to navigate a lot on my own, I remember wishing there was more support, more access and more visibility for students of color on the campuses I was part of and beyond. These experiences ultimately drove me to search for programs to volunteer with that would work in guiding, mentoring, empowering, and preparing first-generation students to graduate high school and attend higher education.

In my capacity as a Master in Social Work Intern with Juntos, I work directly with 15 bright 9th grade students through success coaching. Additionally, I plan the after-school programming at the high school for around 40 students. Because of the importance of seeing individuals who look like you that have succeeded in obtaining their dreams, I have invited Latinx and other leaders of color such as artists, coders, nonprofit and political leaders, small-business owners, and organizers to host conversations with our students. While we have had an impressive group of speakers, the Juntos students are who truly amaze me. Their sheer drive, talent, intelligence, and awareness is palpable. The creativity, heart, and voice of each student touches me, personally. Every single one of these students have dreams, aspirations, and hope -- and most importantly, the drive to get them there.

INTRODUCCIÓN

Stephany Mejia, MSW
Escuela de Labor Social
La Universidad de Carolina del Norte en Chapel Hill
4H Juntos Intern

En Agosto de 2017, después de haber sido seleccionado para mi colocación en el campo de Maestría en labor Social, comencé a trabajar junto con el dedicado equipo de Juntos y sirviendo a los estudiantes Hispanos de mi antigua escuela secundaria, Garner Magnet High School. Como estudiante universitario de primera generación que tuve que navegar mucho por mi cuenta, recuerdo que deseé que hubiera más apoyo, más acceso y más visibilidad para los estudiantes de primera generación y estudiantes de color en los campus de los que formaba parte. Estas experiencias en última instancia me llevaron a buscar programas para voluntaria que sirvan de guía, mentoría, empoderamiento y preparación de estudiantes de primera generación para graduarse de la escuela secundaria y asistir a la educación superior.

En mi capacidad de aprendizaje, trabajo directamente con 15 estudiantes brillantes de noveno grado a través del coaching de éxito. Además, planificó la programación extracurricular en la escuela secundaria para unos 40 estudiantes. Debido a la importancia de ver a personas que se parecen a usted que han logrado sus sueños, invité a líderes Hispanos y otros líderes de color, como artistas, codificadores, líderes políticos y de sin fines de lucro, propietarios de pequeñas empresas y organizadores a mantener conversaciones con nuestros estudiantes. Si bien hemos tenido un grupo impresionante de oradores, los estudiantes de Juntos son quienes realmente me sorprenden. Su gran empuje, talento, inteligencia y conciencia son palpables. La creatividad, el corazón y la voz de cada estudiante me conmueven personalmente. Todos y cada uno de estos estudiantes tienen sueños, aspiraciones y esperanzas, y lo más importante, el impulso para llevarlos acabo.

About the Educator:
Stephany Mejia, MSW

Stephany Mejia is originally from New York City and grew up in Washington Heights. Her early experiences in life deeply influenced how Stephany arrived to the field of Social Work. She moved to North Carolina in her late high school career and graduated Summa Cum Laude in Sociology with a minor in Nonprofit Studies from North Carolina State University. She is currently pursuing a Master in Social Work with a concentration in direct practice at the University of North Carolina at Chapel Hill.

As a first generation college student, child of a single and immigrant mother and someone who grew up in a low income home, Stephany understood early on the challenges that come with achieving a higher education, accessing health services and receiving the appropriate mental health interventions. This is why she has committed her career goals, to serve to address these disparities. She is the co-founder of the nonprofit "Aliadas" which focuses its work around building community among women of color and creating spaces to heal, celebrate, and learn from each other. She has been a mentor with the Elizabeth Edwards Foundation for three years and continues to find ways to better serve the Latinx, Immigrant, and or first generation student populations.

Sobre la Educadora:
Stephany Mejia, MSW

Stephany Mejia es originalmente de la ciudad de Nueva York y creció en Washington Heights. Sus primeras experiencias en la vida influyeron profundamente en cómo Stephany llegó al campo de labor Social. Se mudó a Carolina del Norte en su última carrera secundaria y se graduó con los honores más altos en Sociología con una especialización en Estudios sin fines de lucro de la Universidad Estatal de Carolina del Norte. Actualmente cursa una Maestría en labor Social con una concentración en Práctica Directa para ser terapista en la Universidad de Carolina del Norte en Chapel Hill. Gracias a una madre que nunca se dio por vencida Stephany fue la primera de su familia en graduarse.

Como una estudiante universitaria de primera generación, hija de una madre soltera e inmigrante y alguien que creció en un hogar de bajos ingresos, Stephany entendió desde el principio los desafíos que conlleva alcanzar una educación superior, acceder a los servicios de salud y recibir las intervenciones de salud mental apropiadas. Es por eso que ha comprometido sus objetivos profesionales para servir para abordar estas disparidades. Ella es la cofundadora de la organización sin fines de lucro "Aliadas", que centra su trabajo en la construcción de la comunidad entre las mujeres de color y la creación de espacios para sanar, celebrar y aprender las unas de las otras. Además de trabajar con la comunidad Hispana en Carolina del Norte. Ella ha sido mentora de la Fundación Elizabeth Edwards por tres años y continúa encontrando maneras de servir a las poblaciones de estudiantes latinos, inmigrantes y de primera generación.

Chapter I:

THE ROOTS

POETRY

The roots of "where we're from"

All chapter images illustrated by Briza Reyes-Cruz

Chapter I:

LAS RACIES

POESÍA

Las raíces de "de dónde somos"

Todas las imágenes de capítulos ilustradas por Briza Reyes-Cruz

La Fuerza Por Dentro
By Briza Reyes-Cruz

I am from the hard-working immigrant family,
Where a better future is the only thing we'll make.
A family built on the foundation of a strong woman.
I am of the family chosen for the anointing of God.

I am from an uprising generation of believers,
Where music is my form of worship.
From calles de oro y mares de cristal,
I am from the belief that I can do all things through Christ
quien me fortalece

I am from the fierce mindset of independence,
Where the *Future is Female*.
From my ancestors' roots of machismo to
my feminist ways.
I am from the womb of the strongest woman I know.

I am from the City of Oaks
Where the city comes together as one.
But the country I most love will always be my home.
I am from the beautiful state of Coahuila, Mexico.

La Fuerza Por Dentro
Por Briza Reyes-Cruz

Soy de la familia de inmigrantes trabajadores,
Donde un mejor futuro es lo único que haremos.
Una familia construida sobre la base de una mujer fuerte.
Soy de la familia elegida para la unción de Dios.

Soy de una generación de creyentes,
Donde la música es mi forma de adoración.
Desde las calles de oro y las mares de cristal,
Soy de la creencia de que puedo hacer todas las cosas a
través de Cristo quien me fortalece

Soy de la feroz mentalidad de independencia,
Donde el futuro es femenino
Desde las raíces de mis ancestros del machismo hasta mis
caminos feministas.
Soy del vientre de la mujer más fuerte que conozco.

Soy de la ciudad de Oaks
Donde la ciudad se une como una sola.
Pero el país que más amo siempre será mi hogar.
Soy del bello estado de Coahuila, México.

Life
By Erik Modesto-Reyes

I am from an immigrant family
From old Roxboro displays and old ruins
I am from the family of a poor, mysterious,
Old and dense path

I am from a deserted area
I am from a different environment from the previous
generation
But proud to carry the bloodline
I am from where one is most inspired to live
I am from a place where things are possible

I am from the ashes of other people
The sorrow of people, guilt and shame
Living life to the fullest
It's my turn to soar and become one

La Vida
Por Erik Modesto-Reyes

Soy de una familia de inmigrantes
Desde Roxboro y ruinas antiguas
Soy de la familia de un camino pobre, misterioso,
Viejo y denso

Soy de un área lejos
Soy de un entorno diferente al de la generación anterior
Pero orgulloso de llevar el linaje
Soy de donde uno improvisa para vivir
Soy de un lugar donde todas las cosas son posibles

Soy de las cenizas de otras personas
El dolor de la culpa
Viviendo la vida al máximo
Es mi turno de remontarme y convertirme en una aguila

Me
By Luis Zavala

I am from a Spanish speaking home
I am from where there are Friday night lights
From growing up in a suburban town
I am from a house that everyone works hard to be
successful

I grew up a believer of God
I am from knowing what is right from wrong
From moving on and not looking back
I am from following my dad's footsteps

I am from parents who are immigrants
But sacrificed their lives for ours to have a better future
I am from a family of six and more in Mexico and across
the country
I am the first-born child--a role model to my siblings

Yo
Por Luis Zavala

Soy de un hogar que habla español
Soy de donde hay luces brillando sobre los jugadores de
fútbol
De crecer en una ciudad suburbana
Soy de una casa donde todos trabajan duro para tener
éxito

Crecí creyendo en Dios
Soy de saber lo que está bien y lo que está mal
De seguir adelante y no mirar hacia atrás
Soy de seguir los pasos de mis padres

Soy de padres que son inmigrantes
Pero sacrificaron sus vidas para que las nuestras tengan un
futuro mejor
Soy de una familia de seis y más en México y en todo el
país
Soy el primer hijo nacido--un ejemplo para mis hermanos

From Love and Hope
By Andrea Cervantes

I am from hard workers, from a family of six and love.
I am from trips with family.
I am from the hope for a better future.
I am from the kindness of quiet roads

I am from Sunday masses and gatherings,
From the importance of music and education.
I am from the most caring people
From the city of oaks and life lessons.

I am from loudness and busyness.
I am from "never give up," "try your best"
And support that's always there.

From the learning of mistakes,
The joy of life and teamwork in family
I am from the best people that I could know.

Del Amor y la Esperanza
Por Andrea Cervantes

Soy de trabajadores duros, de una familia de seis y amor.
Soy de viajes con la familia.
Tengo la esperanza de un futuro mejor.
Soy de los caminos tranquilos-- la amabilidad

Soy de misas y reuniones dominicales, siendo importante
la música y la educación.
Soy de la gente más cariñosa.
De la ciudad de Robles y lecciones de vida.

Soy de estar ocupada y involucrada en actividades.
Soy de "nunca te rindas", "haz tu mejor esfuerzo"
Y apoyo siempre está ahí.

Del aprendizaje de errores,
La alegría de la vida y el trabajo en equipo en la familia
Soy de las mejores personas que podría conocer.

It's a Place Called Home
By Janette Ramirez

I am from quiet nights filled with crickets and mosquitoes
And from a neighborhood with few friends
I am from a place where memories are told
And where old pictures fill the room

I am from Sunday school and long nights sleeping under
benches
From "Shh, your dad is studying" to hiding behind a piano
A place where love for Christ comes first and believing is an
everyday thing

I am from hugs and smiles and long phone calls
From new beginnings and heartfelt encounters
I am from long nights alone with my ma
Where she taught me responsibility

It's a place where dreams are big and expectations are high
Even though we're all short
It's a familiar place
A place called home

Es un Lugar Llamado Hogar
Por Janette Ramirez

Soy de noches tranquilas llenas de grillos y mosquitos
Y de un vecindario con pocos amigos
Soy de un lugar donde se cuentan los recuerdos
Y donde fotos viejas llenan la habitación

Soy de la escuela dominical y largas noches durmiendo
debajo los bancos
De "Shh, tu papá está estudiando" a escondiéndome detrás
de un piano
Un lugar donde el amor por Cristo es lo primero y creer es
algo cotidiano

Soy de sonrisas y abrazos y largas llamadas telefónicas
De nuevos comienzos y encuentros sinceros
Soy de largas noches sola con mi ma
Donde ella me enseñó responsabilidad

Es un lugar donde los sueños son grandes con altas
expectativas
Aunque todos somos chaparros
Es un lugar familiar
Un lugar que llamo hogar

Boxed In
By Aldo Galvan Hernandez

I am from a box
A box that contains the dualities of my identity
Una caja hecha en Mexico
And shipped to America

I am from a box made of wood and dreams
I am from a trailer home in a neighborhood of immigrants
I am from the barrio that kept its roots
I am from the forest where lost things go

I am from a place between everywhere and
there is nowhere I can't go
but the somewhere I'm supposed to be

Atrapado Dentro una Caja
Por Aldo Galvan Hernandez

Soy de una caja
Una caja que contiene las dualidades de mi identidad
Una caja hecha en México
Y enviado a América

Soy de una caja hecha de madera y sueños
Soy de una casa móvil en un barrio de inmigrantes
Soy de un barrio que mantuvo sus raíces
Soy del bosque donde aparece las cosas perdidas

Soy de un lugar entre todos lados y
no hay ningún lugar donde no pueda ir
pero el lugar donde se supone que debo estar

City of Oaks and Goals
By Kevin Xavier Garcia- Galindo

I am from the city of oaks.
Where the leaves are various colors.
I'm from that one house.
Always awake and tired.
Hardworking Empire
Where the opportunities are only worth
The effort put in prior.
Where our self worth doesn't equal our net worth
Higher education is the goal
To set my name in stone.
Where your destiny isn't a slope
pre-chosen for you.
Where people don't just follow their horoscope.
They go out and achieve their goal.

Ciudad de Oaks
Por Kevin Xavier Garcia-Galindo

Soy de la ciudad de Oaks
Donde las hojas son de varios colores
Soy de esa casa.
Siempre despierta y a la misma vez cansada.
Imperio trabajador
Donde las oportunidades solo valen
El esfuerzo que pones en ellas
Donde nuestro valor personal no iguala la profundidad de
nuestros bolsillos
La educación superior es el objetivo
Para poner mi nombre en piedra.
Donde tu destino no es una camino
elegido para ti.
Donde la gente no solo sigue su horóscopo.
Donde las personas salen y logran sus objetivos.

Family
By Zuriel Gil-Badillo

I am from our familia unida
Hard working parents who work on a future
Two family businesses fixing cars, pulling, carrying,
During different types of weather
Freezing or not
Got to make money to support.

I am from a loving family, supporting hand for all
Small town that I learned to *ponerme las pilas*
Because nothing is given but earned.

From Gallo Pinto to Enchiladas, from Nicaragua y Mexico
Family here, family there, familia es para siempre

Raised with Spanish and English around me
Being teased por hablar en Español
Look differently from the rest
I am me and I am proud of who I am.

Familia
By Zuriel Gil-Badillo

Soy de juntos- nuestra familia unida
Padres que trabajan duro, trabajando para el futuro
Dos negocios familiares arreglando autos, tirando,
transportando
Diferentes tipos de clima
Teniendo que trabajar para mantener la familia

Soy de una familia amorosa, apoyo de mano para todos
Pequeño pueblo que aprendí a ponerme las pilas
Porque las cosas se ganan.

De Gallo Pinto a Enchiladas, de Nicaragua a México
Familia aquí, familia allí, familia es para siempre

Criada con el español y con el inglés a mi alrededor
siendo molestada por hablar en Español
La gente mirandome como diferente del resto
Yo soy yo y estoy orgulloso de quién soy.

Chapter II:

OF OUR PEOPLE

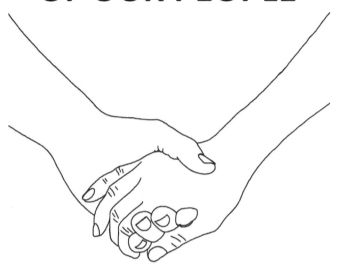

MEMOIRS AND DEDICATIONS
Pieces dedicated to our people and those we admire
"If it wasn't for you..."

Chapter II:

DE NUESTRA GENTE

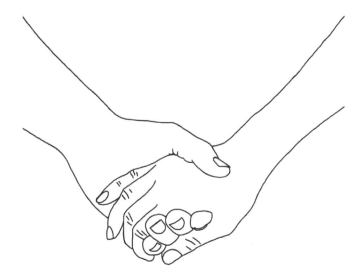

MEMORIAS Y DEDICACIONES
Piezas dedicadas a nuestra gente y a quienes admiramos "Si no fuera por ti ..."

Ponte Las Pilas
By Aldo Hernandez

    If it wasn't for him, I would have never recognized the true virtues of hard work. I'm speaking about the father that has always been with me. Not the birth father who left me earlier than I could've had my first memory. My stepdad was always called that because he was always a step above my real one.

    My mother was raising me by herself while living with my uncle's family in a house we shared. I was taken care of by different family members and neighbors while my mother worked from morning to night. Her commute to work was difficult as she did not have the money for a car. My mother would ride the bus sometimes to the city where she worked in a restaurant. Occasionally my mother would get a lift from her coworkers but most days she had to go on public transport. The bus stop was even a quarter of a mile away from the trailer home we had.

    Meeting my step-father has cleared all the hardships me and my mother faced. He took her to work sometimes and when we became a family we moved to a different home in the same neighborhood. It looked similar to our old house but we could call it our own for once. My mother was a single Mexican mother and at the time I did not know anybody that worked as hard as she did. That was until I met my dad. Sometimes I forget he can get tired like everybody else because he works for long hours without any complaining or stopping.

    I would say their work ethic is the main thing they are trying to push on me to learn, and I thank them for it. My stepfather and my mother both own their own different businesses. They didn't live out their Dream; they worked for it. It was not given to them for free and because of that, I'm grateful for their sacrifices. No matter what, I will always have an easier life than they ever had.

They offer me lots of opportunities because they want me to appreciate and recognize the ability to be self-sufficient. They loved me so they worked harder than they should have to keep me from thinking we didn't have much. I honestly can't repay them for the sacrifices they made. I can, however, go to college and get a high-paying job in the field I studied for so that I can buy them the house they always wanted and the rest they have always deserved.

Ponte Las Pilas
Por Aldo Hernandez

Si no fuera para él, nunca habría reconocido las verdaderas virtudes del trabajo duro. Estoy hablando del padre que siempre ha estado conmigo. No es el padre biológico que me dejó antes de que yo podría haber tenido mi primer recuerdo. Mi padrastro siempre fue llamado así porque siempre estaba más mejor de mi verdadero.

Mi madre me crió sola durante por un tiempo viviendo con la familia de mi tío en una casa que compartimos. Varios familiares y vecinos me han cuidado mientras mi madre trabajaba de la mañana hasta la noche. Su viaje al trabajo fue difícil porque no tenía el dinero para un automóvil. Mi madre solía tomaba el autobús a veces para la ciudad donde trabajaba en un restaurante. Ocasionalmente, mi madre recibía ayuda de sus compañeros del trabajo, pero la mayoría de los días tenía que ir en transporte público. La parada del autobús sólo era un cuarto de milla de distancia de la casa móvil que teníamos.

Conociendo a mi padrastro me ha quitado todas las dificultades que mi madre y yo hemos enfrentado. Él lo llevó a trabajar a veces y cuando nos convertimos en una familia nos mudamos a un hogar diferente en el mismo vecindario. Se parecía a nuestra casa anterior, pero podríamos llamarla esa casa nuestra por una vez. Mi madre era una madre mexicana soltera y en ese momento no conocía a nadie que trabajará tan duro como ella. Eso fue hasta que yo conociera a mi padre. A veces me olvida de que se si puede cansarse él como todos de los demás porque trabaja mucho sin parar.

Yo diría que su ética de trabajo es el principal que ellos están tratando de enseñarme y por eso les agradezco a ellos. Mi padrastro y mi madre tienen sus propios negocios. No vivieron sus sueños, ellos sólo trabajaron. No se les dieron algo gratis y por eso estoy agradecido de sus sacrificios. No importa lo que pasa siempre tendré una vida más fácil de suyos.

Me ofrecen muchas oportunidades porque quieren que aprecio y reconozco la capacidad de ser autosuficiente. Me amaban tanto así que trabajaron más duro de lo que deberían para evitarme de que pensar que no teníamos mucho. Honestamente, no puedo pagarles por los sacrificios que hicieron. Sin embargo, puedo ir a la universidad y obtener un buen trabajo en el campo que estudié para poder comprarles la casa que siempre han quisieron y el resto que siempre se han merecido.

Gracias Por Todo
By Kevin Xavier Garcia Galindo

If it wasn't for you, I wouldn't be the same person that I am today. You taught me everything that I need to know. Hard work always beats talent. Everything that I have now is a product of my own sweat and blood--all because you knew what was right for me and enforced it even when I disagreed with it.

I know now that the only limits that are set for me are from my mind. When I clear my mind, truly believe, and am confident in my own abilities, I know that I will succeed no matter what.

You never let me down. I hope that in the future, I never have to let you down. You are the reason that I always set such high standards for myself. Sometimes you tell me that I am pushing myself too hard, but I only do it to make you happy. I wouldn't be in the place where I am without you always pushing me to outperform my old self.

I never felt like I was the brightest or smartest kid in school. I wasn't the sharpest tool in the shed. I hated everything that you made me do, but now I realize that all that I did was only meant to help me and not to hurt me. I am proud of all the growth that I have gone through. The best parents are the ones that let their children go through the worst for their own good.

I wasn't the best version that I could be. I remember being held back in 1st grade. I thought I would get punished for it. I remember you hugging me and telling me that you loved me either way. I was too little to know what had happened or the consequences of it; I just knew that what I had done wasn't good. I barely knew any English so my teachers barely understood me, but you were always there to comfort me. You were the only person that understood me.

I wish I could tell you how much I adore you every day of the week. Why should I have to wait once every year to tell you how much I need you?

My dad is always the first one to remind me of how much I emulate you in every single way possible: "You're just like your mom" is what he always says. Sometimes I'm proud of that and sometimes not so much. I like to think that I inherited the best traits from both of you; yet, it's pretty apparent that we all have small flaws but I relish those flaws like they are medals.

Gracias Por Todo
Por Kevin Xavier Garcia-Galindo

Si no fuera por ti, no sería la misma persona que soy hoy. Me as enseado todo lo que necesito saber. el trabajo duro siempre supera al talento. Todo lo que tengo ahora es producto de mi propio sudor y sangre. Todo porque sabías lo que era correcto para mí, y lo reforzaste incluso cuando no estaba de acuerdo con él.

Ahora sé que los únicos límites establecidos para mí están en mi mente. Si aclaro mi mente y realmente creo y confío en mis propias habilidades, tendré éxito sin importar nada.

Nunca me decepcionaste. Espero que en el futuro, nunca tenga que decepcionarte. Tú eres la razón por la que siempre establezco estándares tan altos para mí mismo. A veces me dices que me estoy presionando mucho, pero solo lo hago para hacerte feliz. No estaría en el lugar donde estoy sin ti, siempre empujándome a superar a mi yo anterior.

Nunca me sentí como el niño más brillante o más inteligente en la escuela. Sabía que no era el más inteligente. Odiaba todo lo que me hiciste hacer, pero ahora me doy cuenta de que todo lo que hice fue solo para ayudarme y no para lastimarme. Estoy orgulloso de todo el crecimiento que he logrado. Los mejores padres son los que dejan que sus hijos pasen por lo peor por su propio bien.

No era la mejor versión que podía ser. Recuerdo haber sido retenido en 1er grado. Pensé que sería castigado por eso. Recuerdo que me estabas abrazando y diciéndome que me amabas de cualquier manera. Era demasiado pequeño para saber lo que había pasado o las consecuencias, solo sabía que lo que había hecho no era bueno. Apenas sabía inglés, por lo que mis maestros apenas me entendieron, pero siempre estabas allí para consolarme, eras la única persona que me entendía.

Desearía poder decirte cuánto te adoro todos los días de la semana, por qué debería esperar una vez al año para decirte cuánto te necesito.

Mi pa siempre es el primero que me recuerda cuánto me va ti en todas las formas posibles "eres como tu madre" es lo que siempre dice. A veces estoy orgulloso de eso y otras veces no tanto. Me gusta pensar que heredé los mejores rasgos de ustedes dos, pero es evidente que todos tenemos pequeños defectos pero disfruto esos defectos como si fueran medallas.

Queen
By Briza Reyes-Cruz

If it wasn't for you, I really don't know the person I would be today. Even on your hardest days, you've always been the strongest person I know. Your influence on my life has been the most positive example I could ever encounter. Not only was I taught, but I was shown how to depend on no one but myself. Of course, that excludes the same person who is responsible for these teachings.

I saw the struggles we went through as a family, but never once did I see your tears. From the best parts of my life to the hardest, you've been there through it all. To me, you are hands down my favorite person. Ma, you have taught me life's lessons in the best way possible.

Growing up, you always came home with a big smile on your face. Always so eager to give me kisses and hugs. Always showing me an unconditional love that made me believe that I was -and still am- worth something. If it weren't for you, I wouldn't be following my dreams. I wouldn't think I was capable of doing so much. This is for you mama. Everything I am is because of you. If it weren't for you, I wouldn't be the courageous, young woman I am today. You taught me to never fear and to never give up. You taught me to believe and follow Proverbs 31:29-30.

"Many women do noble things,
but you surpass them all."
"Charm is deceptive, and beauty is fleeting;
but a woman who fears the Lord is to be praised."

I am in tact with my faith, with my culture, and with myself because of you. "Never let them tell you what you can and cannot do," you always tell me. "They don't know what you have inside." Be independent. Be strong. Stand up for what you believe in. You have taught me about activism. You taught me how to be the correct type of activist, and for that I am so grateful. I am a proud latina-feminist because I believe in what you always taught me.

You taught me that I don't need to take what I do not deserve. To never let anyone put me down. Because of you, I am what people often refer to as "crazy" and "unique" but it can't be helped. I am almost an exact clone of you. I know you're proud. You tell me everyday. But I strive for the day when I make myself proud by giving you everything you have ever wanted just as you have given me.

Allow me to note one last thing, mom: you've taught me to understand that I am nothing less than a queen. But to me, you are the grandest queen of all. I hope to follow you in your ways of faith and self-confidence some day.

Reina
Por Briza Reyes-Cruz

Si no fuera por usted, realmente no conozco a la persona que sería hoy. Incluso en tus días más difíciles siempre has sido la persona más fuerte que conozco. Su influencia en mi vida ha sido el ejemplo más positivo que he podido encontrar. No solo me enseñaron, sino que me enseñaron a no depender de nadie más que de mí mismo. Por supuesto, eso excluye a la misma persona que es responsable de estas enseñanzas.

Vi las luchas que tuvimos como familia, pero nunca vi tus lágrimas. Desde las mejores partes de mi vida hasta las más difíciles, has estado allí durante todo. Para mí, sin dudas eres mi persona favorita. Ma, me has enseñado las lecciones de la vida de la mejor manera posible.

Al crecer, siempre volvías a casa con una gran sonrisa en la cara. Siempre tan ansioso por darme besos y abrazos. Siempre mostrándome un amor incondicional que me hizo creer que yo era, y aún lo soy, algo valioso. Si no fuera por ti, no estaría siguiendo mis sueños. No creo que fuera capaz de hacer tanto. Esto es para ti mamá. Todo lo que soy es por ti. Si no fuera por ti, no sería la valiente y joven mujer que soy hoy. Me enseñaste a nunca tener miedo y nunca rendirte. Tú me enseñaste a creer y seguir Proverbios 31: 29-30.

"Muchas mujeres hacen cosas nobles,
pero los superas a todos ".
El encanto es engañoso, y la belleza es fugaz;
pero una mujer que teme al Señor debe ser alabada ".

Estoy en contacto con mi fe, mi cultura y conmigo mismo gracias a ti. "Nunca dejes que te digan lo que puedes y no puedes hacer", ella siempre me dice. "No saben lo que tienes dentro". Sé independiente. Sé fuerte. Defiende lo que crees. Me has enseñado acerca del activismo. Me enseñó cómo ser el tipo correcto de activista, y por eso estoy muy agradecido. Soy una latina feminista orgullosa porque creo en lo que siempre me has enseñado.

Usted me enseñó que no necesito tomar lo que no merezco. Nunca dejar que alguien me humille. Debido a ti, soy lo que la gente suele llamar "loco" y "único", pero no se puede evitar. Soy casi un clon exacto de ti. Sé que estás orgulloso. Tu me dices todos los días Pero me esfuerzo por el día en que me haga sentir orgulloso al darte todo lo que siempre has deseado, tal como me lo has dado.

Permítanme señalar una última cosa para mi madre, me han enseñado a comprender que no soy nada menos que una reina. Pero para mí, eres la reina más grandiosa de todas. Espero seguirte en tus formas de fe y confianza en ti mismo algún día.

Cristina
By Andrea Cervantes

If it wasn't for you, I wouldn't be who I am today. I would be a completely different person. I wouldn't have the personality and strength. I wouldn't be where I am.

You taught me what was right and what was wrong, and what others couldn't. You raised me with care and love. You've showed me how to work for what I want. I've learned that nothing will be easy no matter how basic it may seem. You've taught me countless life lessons.

I look up to you for so many reasons. It would be impossible to live without you. You're a great example to follow in many ways. You have been such a strong person even in life's most difficult situations. We've created many beautiful moments. You've showed me life in multiple aspects.

You're always there for me at any moment. You've made life an amazing experience. In my eyes, you will always be a great person. You will always be my role model. I love you, Mama.

Cristina
By Andrea Cervantes

Si no fuera por ti, no sería lo que soy hoy. Sería una persona completamente diferente. No tendría la personalidad y la fuerza. Yo no estaría donde estoy.

Tu me enseñastes lo que era correcto y lo que estaba mal. Me creistes con cuidado y amor. Me has mostrado cómo trabajar para lo que quiero. Aprendí que nada será fácil sin importar lo básico que pueda parecer. Me has enseñado innumerables lecciones de vida.

Te admiro por muchas razones. Sería imposible vivir sin ti. Eres un gran ejemplo para seguir de muchas maneras. Has sido una persona tan fuerte incluso en las situaciones más difíciles de la vida. Hemos creado muchos Hermosos momentos. Me has mostrado la vida en múltiples aspectos.

Siempre estás ahí para mí en cualquier momento. Has hecho de la vida una experiencia increíble. En mi opinión, siempre serás una gran persona. Siempre serás mi modelo a seguir. Te quiero mamá.

Familia para Siempre
By Zuriel Gil-Badillo

   If it wasn't for my family, I wouldn't be the same person I am today. I wouldn't be this positive, "nothing/no one-can-bring me down," independent person. My family has always been happy and cheerful no matter the weather. They are always laughing and always eating. There has never been a day that I can remember when we have been sad.

   My family has influenced me to not think about or see the world in a negative way. They also taught me to get back up on my feet when my world is crashing down. They always tell me to be the better person, to keep my head up, or to always think positive when things are going negative. As you can tell, my family gives good advice.

   If it wasn't for them, I would probably be a boring, normal human. My family is everything to me. I can always count on them to make my day better. They have influenced me in many more ways, but the best is that they have always encouraged me to be a positive person. They made my personality, and I'm glad they did.

Familia Para Siempre
Por Zuriel Gil-Badillo

Si no fuera por mi familia, no sería la misma persona que soy hoy. No sería tan positiva, nada y nadie puede derribarme, soy la persona independiente que soy hoy gracias a mi Madre. Mi familia siempre ha sido feliz y alegre sin importar el clima. Consisten en muchas risas y siempre comiendo. Nunca ha habido un día; que puedo recordar, cuando hemos estado tristes.

Mi familia me ha influenciado mucho para no pensar o ver el mundo de una manera negativa. También me enseñaron a recuperarme cuando mi mundo se derrumba. Siempre me dicen que sea la mejor persona; que mantenga la cabeza en alto y siempre pensar en positivo cuando las cosas van negativas. Como puede ver, mi familia da buenos consejos.

Si no fuera por ellos, probablemente sería un humano aburrido y normal. Mi familia lo es todo para mí. Siempre puedo contar con ellos para mejorar mi día. Me han influenciado de muchas maneras más, pero creo que este es la mejor manera. Son fundamental en la composicion de mi personalidad, y me alegro de que lo son.

They're Royalty in My Eyes
By Janette Ramirez

You're the farmer who wakes up at the crack of dawn to water his crops, worried when they aren't growing to their full potential. Putting his sweat, tears, and dedication and then later harvesting what he has grown. I am what you have been growing: yo soy la cosecha de tu siembra. My life and who I am today has been molded by you; you influence my decisions and my future, and I will forever be grateful. The family that has raised me is true royalty. They taught me perseverance, dedication, and strength.

You were my first friend, and you showed me the true meaning of loyalty and friendship. Although there would've been three of us, I wouldn't trade you for the world, because I know I wouldn't be complete without you. Being a bigger sister is something you have excelled in by making sure I didn't miss out in life, by standing up for me when no one thought to, and most importantly, by teaching me to be my own self. This is what I admire most from you---because many try to bring you down and discourage you, but instead you prevail in your marriage, in your career, and as a person. If it weren't for you I would be weak and fragile, but you've taught me the art of strength and the mindset that anything is possible.

You've made sure I've felt loved and protected, and if it wasn't for you, I wouldn't know unconditional love. And it's a love you don't just share toward your daughters, but to everyone you meet, because you are the type of person that would drop everything for someone you know is in need of your help. You are a rock and a mother figure for many who know they can count on you, and I know I can always count on you. With your actions you've taught me how to empathize, and to be humble even when life throws you curveballs. Your strength really proves to me that anything is possible through Christ, and no matter how crazy and confusing life gets, we can never stray from the narrow path that will take us home.

You are the rock of our family, and we all depend on you, which isn't a responsibility you take lightly. We can see your dedication from the early Monday mornings that take you away from us, to the late Wednesday nights that bring you back. And it doesn't matter how old I grow or where life takes me, I will always remember your prayers for my sister and me before your departure--massaging our heads as if to leave your warm embrace so it could last the whole week until we saw you again. I will always remember the excitement as a child as I prepared for your arrival, hiding so you could find me and give me a bear hug. You make sure we never have to worry about the basic necessities, and even with all your responsibilities at church, or when your patience and attention are pulled thin, you make time for us. You taught me that things in life are obtained because of hard work, which can only be done through true dedication. You taught me how to find beauty in every situation, and that life is full of laughter and smiles. If it weren't for you, I wouldn't understand that Christ is the true beauty and meaning of life.

You have all played a part in who I am today, teaching me lessons that will last me my whole life. What I see in all of you is who I hope to be someday. In my eyes, my dad is a dedicated king; my mom a loving queen; and my sister a mighty princess.

Ellos son Realize para Mi
Por Janette Ramirez

Eres el granjero que se despierta al amanecer para regar su cultivo, preocupándose por su desarrollo. Derramando su sudor, lágrimas y dedicación, y luego cosechando lo que ha crecido. Soy lo que has estado cultivando, la cosecha de tu siembra. Mi vida y quién hoy soy ha sido moldeado por ti, influyes mis decisiones y mi futuro, y por eso siempre estaré agradecido. La familia que me crió es verdadera realeza, me enseñaron la perseverancia, dedicación y fortaleza.

Fuiste mi primera amiga, y me mostraste el verdadero significado de la lealtad y la amistad. Aunque hubiéramos sido tres hermanos, no te cambiaría por nada en el mundo, porque sé que no estaría completa sin ti. Ser una hermana mayor es algo en lo que te has destacado, asegurándote de no perderme nada en la vida, defendiéndome, y lo más importante enseñándome a ser yo misma. Esto es lo que más admiro de ti, porque muchos intentan desanimarte, pero en cambio sigues avanzando, en tu matrimonio, en tu carrera, y como persona. Si no fuera por ti, sería débil y frágil, pero me has enseñado el arte de la fuerza y la mentalidad de que todo es posible.

Se ha asegurado de que me sienta amada y protegida, y si no fuera por usted, no conocería del amor incondicional. Y es un amor que no solo compartes con tus hijas, sino con todos los que conoces, porque usted es la clase de persona que dejaría todo por alguien quien necesita su ayuda. Eres una roca y una figura materna para muchos que saben que pueden contar contigo, y yo sé que yo siempre puedo contar contigo. Con tus acciones me has enseñado cómo empatizar y ser humilde incluso cuando cosas inesperadas pasan en la vida. Su fuerza realmente me demuestra que todo es posible a través de Cristo, y no importa cuán loca y confusa sea la vida, nunca podremos desviarnos del camino estrecho que nos llevará a casa.

Usted es la roca de nuestra familia a quien todos dependemos, y no es una responsabilidad que tomes a la ligera. Podemos ver su dedicación desde las primeras horas el Lunes que lo alejan de nosotros, hasta los Miércoles por la noche que lo traen de regreso. Y no importa la edad que tenga, siempre recordaré sus oraciones por mí y por mi hermana antes de partir, masajeándonos la cabeza, como dejándonos su cálido abrazo para durarnos toda la semana hasta que lo podamos ver otra vez. O la emoción de cuando era niña, en preparación a su llegada, escondiéndome para que pudieras encontrarme y darme un abrazo de oso. Usted se asegura de que nunca tengamos que preocuparnos por las necesidades básicas, e incluso con todas sus responsabilidades en la iglesia, o cuando su paciencia y atención se reducen, usted hace tiempo para nosotros. Me enseñaste que las cosas en la vida se obtienen gracias al trabajo arduo, que solo se puede realizar con verdadera dedicación. Me enseñaste a encontrar belleza en cada situación, y que la vida se vive con risas y sonrisas. Si no fuera por ti, no entendería que Cristo es la verdadera belleza y el significado de la vida.

Todos ustedes han desempeñado un papel en lo que soy hoy, enseñándome lecciones que me durarán toda la vida. Lo que veo en todos ustedes es lo que espero ser algún día. En mi opinión, mi padre es un rey dedicado, mi madre una reina amorosa y mi hermana una gran princesa. Los amo.

Parents
By Luis Zavala-Cervantes

If it wasn't for them, I wouldn't be here right now writing this. They are the very reason I exist in this world, and they are the very ones that showed me how to act in life. I grew up experiencing support, love, and fun times in our family. My parents support my siblings and me in school, music, and sports.

Teaching me life lessons was the hardest for them because I was really friendly when I was younger, and also because I was a slow learner. Learning the value of hard work was a big step for me because at a young age, I didn't want to work but wanted to play outside and be with friends. However, I eventually learned that doing my chores was also part of my work at home, and I learned right from wrong from my parents.

These people have been with me through thick and thin, and through tough and easy times. No matter what occasion or problem, they are always there for me. These people are my parents and I love them for everything they have given me in my life, and I want to thank them for teaching me to live my life to the fullest.

Padres
By Luis Zavala-Cervantes

Si no fuera por ellos, no estaría aquí escribiendo esto ahora. Ellos son la razón por la que yo existo en este mundo, y ellos son los mismos que me mostraron cómo actuar en la vida. Crecer con ellos con su apoyo, amor y momentos de diversión en nuestra familia como grupo. Mis padres nos apoyan a mí y a mi hermana en la escuela, la música y los deportes. Ellos me enseñaron lecciones en mi vida fue lo más difícil para ellos, porque era muy amigable cuando era más joven, y también porque era un alumno lento. Trabajar era otro gran paso para mí porque a una edad temprana no querías trabajar, querías jugar afuera y estar con tus amigos. Hacer mis tareas también era parte de mi trabajo en casa. Más tarde mis padres me enseñaron.

Estas personas han estado conmigo durante todo el tiempo, sin importar la ocasión, el problema y el momento en que estuvieron siempre allí para mí. Estas personas son mis padres y los amo por todo lo que me han dado en mi vida, y quiero que ellos por enseñarme a vivir mi vida al máximo.

The Fragment
By Erik Modesto-Reyes

If it wasn't for you, I wouldn't be able to accomplish our dreams. I won't be the same person who is standing here today. I have a purpose in life since God grant youed a child and I am to make you proud.

You remember my first words and steps while growing up. You were always supportive when things become difficult. You taught me valuable lessons that affeced my decisions. You showed me that hard work and demonstration is something that an individual could do. Although we may have a different lifestyle than others, you told me to appreciate what I have.

You had been a model role since the very beginning of my life. Without you, I would have never learned how to live on my own. You inspired me to pursued what I'm after for. Every moment with you is irreplaceable inside my heart. You told me that I'll become a great man one day. It's difficult to let go of who I love most.

You have a great family and I'm proud to be called "your son." We may have different personalities, but we're family. No matter what kind of situation I'm in, you'll guide me to an answer.

El Fragmento
Por Erik Modesto-Reyes

Si no fuera por ti, no podría cumplir nuestros sueños. No seré la misma persona que estoy parado aquí. Tengo un propósito en la vida ya que Dios te otorgó un hijo y te hará sentir orgulloso.

Recuerdas mis primeras palabras y pasos, mientras crecías. Siempre de apoyo cuando las cosas se vuelven difíciles. Me enseñó valiosas lecciones que afectan mis decisiones. Me mostró que el trabajo duro y la demostración es algo que un individuo podría hacer. Tener un estilo de vida diferente, pero me dijo que apreciara lo que tengo.

Has sido un papel modelo desde el principio de mi vida. Sin ti, nunca hubiera aprendido a vivir solo. Me inspiró para perseguir lo que busco. Cada momento contigo, son irremplazables dentro de mi corazón. Me dijo que algún día me convertiría en un gran hombre. Es difícil dejar ir a quien amo más.

Tuviste una gran familia y estoy orgulloso de que me llamen "tu hijo". Podemos tener una personalidad diferente, pero somos familia. No importa en qué tipo de situación esté, me guiarán por una respuesta.

Chapter III:
FROM ONE WORLD

VIGNETTES

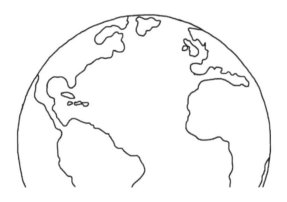

Short pieces of writing that express the people, places, objects, values, and ideas that make up who we are

Chapter III:
DE UN MUNDO

VIGNETTES

Piezas breves de escritura que expresan las personas, lugares, objetos, valores e ideas que conforman quiénes somos

Under the Starry Night
By Janette Ramirez

My whole life I've been disconnected from my extended family that lives outside of North Carolina-- including my oldest sister, Ana Gabriela. I first met her when I was three, and we had an instant connection. We visited her in Honduras where she lived with her grandma, and this was the first time my mom had seen her in fourteen years. The moment was beautiful and full of emotion. But then it was time to go back home and we had to leave all the relatives that we had reconnected with and had grown to love.

Eight years later, my family and I made another trip to El Salvador. The day was hot and we had been in El Salvador for a couple of days when we saw my sister again. The street was busy with cars, but my Tia Olga's hardware shop in the corner was empty. The scent of the memory filled the air, and when I saw Ana Gabriela again, it was as if I was transported to our first time together. Her skin was of white complexion like mine--with big brown eyes and straight brown hair. She was soft-spoken and sweet. She was beautiful.

Then, she gave us the most amazing news: she was expecting a baby boy. At that moment, all I wanted to do was get to know her more. We went out to eat with the rest of my aunts and uncles, and we filled the room with stories and laughter. After, con los estómagos llenos y corazones contentos, we went to my Tia Olga's house to spend the night. She gave a room and a shower to my sisters and me: it was both the first room that had an A.C., and the first shower I had since I arrived. I couldn't have been happier. I had a cold shower, fresh air, and my sister.

It's impossible to look at the pictures we took during that trip without a smile. Pictures that show laughing eyes and goofy faces. Pictures from my eleventh birthday and Christmas-- the only times she's ever spent with me. We spent those days stuffing our faces and firing fireworks. But I haven't seen her since then, and it has now been seven years. My nephew Brayan is now seven years old, and my family and I pray we'll get to meet him one day.

But until then, I hold the memories close to my heart, and every time the night sky fills with stars, like it does in El Salvador, I remember and I hope to see her again.

Bajo la Noche Estrellada
Por Janette Ramirez

Toda mi vida he estado desconectado de mi familia extendida que vive fuera de Carolina del Norte, incluyendo mi hermana mayor, Ana Gabriela. La conocí por primera vez cuando tenía tres años, y tuvimos una conexión instantánea. La visitamos en Honduras, donde vivía con su abuela. Y esta fue la primera vez que mi madre la había visto en catorce años, por lo que se sintió abrumada de alegría. Fue realmente un momento hermoso. Pero luego llegó la hora de volver a casa y tuvimos que dejar a todos nuestros familiares con los que habíamos llegado a amar.

Ocho años después mi familia y yo hicimos otro viaje a El Salvador. El día era caluroso y habíamos estado en El Salvador por un par de días, cuando volvimos a ver a mi hermana. La calle estaba poblada de gente, pero la ferretería de mi tía Olga en la esquina estaba vacía. El aroma del recuerdo llenó el aire, y cuando volví a ver a Ana Gabriela fue como la primera vez hace ocho años, pero esta vez realmente la vi. Su piel era de tez blanca como la mía, con grandes ojos marrones y cabello liso del mismo color. Ella era amable, dulce, y hermosa.

Además, ella nos dio las noticias más sorprendentes, esperaba un bebé. En ese momento, todo lo que quería hacer era conocerla más. Salimos a comer con el resto de mis tías y tíos, y llenamos el restaurante con cuentos y chistes. Después, con los estómagos llenos y corazones contentos, fuimos a la casa de mi tía Olga a pasar la noche. Ella nos dio a mí y a mis hermanas una habitación, la primera habitación desde que habíamos llegado la Salvador en la que había aire acondicionado y una ducha.

No podría haber estado más feliz, me tome una ducha fría, tenía aire fresco y a mi hermana.

Es imposible mirar las imágenes que tomamos durante ese viaje sin una sonrisa. Imágenes que muestran ojos risueños y caras tontas. Fotos de mi undécimo cumpleaños y Navidad, las únicas veces que Ana Gabriela pasó conmigo. Pasamos esos días comiendo demasiadamente y disparando fuegos artificiales. Pero no la he visto desde entonces, y han pasado siete años. Mi sobrino Brayan tiene ahora siete años, y mi familia y yo oramos para poder conocerlo algún día. Pero hasta entonces, guardo los recuerdos cerca de mi corazón, y cada vez que anochece y el cielo se llena de estrellas, como pasa en el en El Salvador, recuerdo y espero volver a verla.

Old Home
By Kevin Xavier Garcia Galindo

I grew up being distant from others. I wasn't ashamed of who I was. I see many other people complaining about not fitting in but I never cared about that. I found being different was liberating, knowing that I wasn't predestined to fail.

When I think of my old home, I remember playgrounds and friends. I loved the sweet rays of the glorious sun and hated the sight of it fleeing. I had seen several years and friends pass by. I had seen people go and leave easily. I stayed there happily. Yet, I remember the day that I had to leave it.

I kicked around a soccer ball for several years. My pastime never changed. I played with my siblings and friends from afternoon to dusk. The only thing that constantly changed was the person that received it. I had kicked the ball past several goals through different porteros. I stayed on that improvised field until the day I left.

I can't say that the day that I left came unexpected because it came weeks in the making. Leaving the house always seemed like a joke; my mom used to play around with the idea, but I never took it seriously. The house was like part of the family to me. It was old and wrinkly. I miss that old house, but in a way, I think that my new house is a reflection of my new life.

This new house is well-aligned and planned out. This house has a future. It is my house. I wouldn't change anything for what I already have.

Mi Dulce Hogar
Por Kevin Xavier Garcia Galindo

Crecí siendo distante de los demás. No me avergonzaba de quién era. Veo a muchas otras personas quejándose por no encajar, pero nunca me importó eso. Descubrí que ser diferente era liberador, sabiendo que no estaba predestinado al fracaso.

Cuando pienso en mi antiguo hogar, recuerdo parques infantiles y amigos. Amaba los dulces rayos del glorioso sol y odiaba verlo huir. Había visto pasar varios años y pasar amigos. Había visto a gente irse y partir fácilmente. Me quedé allí felizmente. Sin embargo, recuerdo el día en que tuve que dejarlo.

Pateé una pelota de fútbol por varios años. Mi pasatiempo nunca cambió. Jugué con mis hermanos y amigos desde la tarde hasta el anochecer. Lo único que cambió constantemente fue la persona que lo recibió. Había pateado la pelota más allá de varios goles, a través de diferentes porteros. Me quedé en ese campo improvisado hasta el día que me fui.

No puedo decir que el día que me fui fue inesperado porque me tomó semanas. Salir de la casa siempre parecía una broma; Mi madre solía jugar con la idea, pero nunca me lo tomé en serio. La casa era como parte de la familia para mí. Era viejo y arrugado. Echo de menos esa casa vieja, pero de alguna manera, creo que mi nueva casa es un reflejo de mi nueva vida.

Esta nueva casa está bien alineada y planeada. Esta casa tiene un futuro. Es mi casa. No cambiaría nada por lo que ya tengo.

Passion
By Briza Reyes-Cruz

It belonged to my older brother. Just sitting there collecting dust. Wearing away its purpose. The day I encountered it was beautiful. I began to pick at it unknowingly. Such a racket would have made my mom yell but this somehow made her happy.

Day by day I began making more and more noise thinking nothing of it until one day it became sound. You see, while noise does mean sound, it's more specifically "one that is loud or unpleasant or that causes disturbance." Sound means "vibrations that travel through the air." For the first time I began to not only hear the vibrations but also, I began to feel them. For the first time I felt something I had never felt before. It was a feeling that surged through my body making me feel the radiance of life.

It began as my brother's, but day by day it became mine. And I don't mean mine physically, but I mean passionately. It has been almost 10 years since that significant day. Since then, I fall even more in love with music. The piano was my first love, and it was all I knew and desired to know. My love for music mattered deeply to me, and it was all that I cared to know.

The vibrations I felt in those days are the same vibrations I feel now with all that I do. I realize that those same vibrations match what I feel deep inside of my soul. Those keys became the key to my heart and mind. They gave me a greater sense of purpose and it felt like I finally had purpose. The realm of music had finally chosen me.

From that day forward, I became known to others as a prodigy of sorts. Even to myself I became someone new. I became one with the music. From the classic cello to the country mandolin. Those 88 keys were the beginning of a life-long passion that I must persist on with.

"Persiste, persiste. Lucha por tu sueño y no dejas que muera. Sueña."
" Persist, persist. Fight for your dreams, and don't allow them to die. Dream."

Pasión
Briza Reyes-Cruz

Perteneció a mi hermano mayor. Sentado allí recogiendo polvo. Desgastando su propósito, fue un encuentro tan hermoso ese día. Empecé a hurgar sin saberlo. Un ruidaso como tal hubiera hecho que mi madre gritara, pero esto por una razon o otra la hizo feliz.

Día tras día comencé a hacer más y más ruido sin pensar en nada hasta que un día se hizo sonido. Usted ve, mientras que el ruido significa sonido, es más específicamente es uno que es "fuerte o desagradable o que causa perturbación". El sonido significa "vibraciones que viajan por el aire". Por primera vez comencé a escuchar no solo las vibraciones, sino que comencé a sentirlas. Por primera vez, sentí algo que nunca había sentido antes. Fue una sensación que surgió por mi cuerpo haciéndome sentir el resplandor de la vida.

Comenzó de mi hermano pero día a día se convirtió en mío. Y no me refiero a la mía físicamente, pero me refiero apasionadamente. Han pasado casi 10 años desde ese día significativo. Desde entonces, cada día me enamoro más de la música. El piano fue mi primer amor y fue todo lo que sabía. Hasta el día de hoy, la música es todo lo que sé y todo lo que me importa saber.

Las vibraciones que sentí en esos días son las mismas vibraciones que siento ahora con todo lo que hago. Me doy cuenta de que esas mismas vibraciones coinciden con lo que siento en lo profundo de mi alma. Esas llaves se convirtieron en la clave de mi corazón y mi mente. Me dieron un mayor sentido de propósito. Casi como si mi vida finalmente tuviera un propósito. El reino de la música finalmente me había elegido.

Desde ese día en adelante, fui conocido por los demás como una especie de prodigio. Incluso para mí mismo, me convertí en alguien nuevo. Me convertí en uno con la música. Desde el clásico violonchelo hasta el mandolina del country. Esas 88 llaves fueron el comienzo de una pasión de toda la vida en la que debo persistir.

"Persiste, persiste. Lucha por tu sueño y no dejas que muera. Sueña".

The Empty Void
By Erik Modesto-Reyes

I don't always enjoy my life like other people do. Many people like hanging out with their friends on Friday nights or going somewhere fun.

In school, I can socialize with other kids. Outside of school, I'm an outcast often being put aside. I have a lonely and quiet trait--feeling left out from the entire world by everyone. Having fun and being serious are two opposite traits.

It is so sad seeing other people of the same race working in the lowest position in their field. There is so much discrimination in different workplaces. I say this because I have a family that has never gotten the opportunity that their son has. I am carrying the burden of completing my education from a previous generation: a family that sacrifices themselves in order for their children to have a career. No matter what, we must continue forward. It's no game; it's a big deal.

It's a lot of work in order to accomplish it. As time passes by, one must enjoy every moment and remember it. You only live once and make the best out of it. Working hard is one thing, but having fun is something else.

El Vacio
Por Erik Modesto-Reyes

No siempre disfruto mi vida como lo hacen otras personas. Muchas personas salen con sus amigos los Viernes por la noche o van a algún lugar divertido.

En la escuela, puedo socializar con otros niños. Fuera de la escuela, soy un marginado que a menudo se deja al lado. El rasgo solitario y tranquilo que alguna vez fue alguien. Sentirse excluido del mundo entero por todos. Divertirse y ser serio son dos rasgos opuestos.

Tan triste de ver a otras personas de la misma raza trabajando en una posición más baja en su trabajo. Tanta discriminación en diferentes lugares de trabajo. Tener una familia que nunca tuvo la oportunidad que tiene su hijo. Llevar la carga de completar mi educación de la generación anterior. Una familia que se sacrifica para que sus hijos tengan una carrera. No importa lo que debemos seguir adelante. No es un juego, es un gran problema.

Es mucho trabajo para lograrlo. Con el paso del tiempo, uno debe disfrutar esos momentos y recordarlos. Solo vives una vez y sacas lo mejor de ello. Trabajar duro es una cosa, pero divertirse es otra cosa.

Life
By Andrea Cervantes

My name, Andrea, means beauty. It's an Italian name and it came from a blind pianist whom my mother admires. I'm fourteen, but I have lived a life full of many experiences. I was born into a caring family, where we have always been there for each other, even in difficult situations.

Before I was born, my family was split apart. After I was born, it was just my brother, my mother and me. We were in a country where everything was new and we didn't know the language. All we had was one another and a few relatives to depend on. Life was going to be hard.

After a few years of living the way we did, my mother was able to get a house for us to move into. As time passed on of living alone, my mother met the man who is now her husband. A year later, they decided to have my brother. After my brother, my mother was going to have another sibling, but it ended in a miscarriage. My parents tried again and were successful; it was twins, but only one would live.

Even if our lives at times seemed perfect, we always had our flaws. Yet, all the things we've been through have definitely made us a stronger family.

La Vida
By Andrea Cervantes

Mi nombre es Andrea, significa belleza. Es un nombre italiano. Venía de una pianista ciego que mi madre admira. Tengo 14 años, pero he vivido muchas experiencias. Nací en una familia cariñosa, donde siempre hemos estado ahí el uno para el otro, incluso en situaciones difíciles.

Antes de que naciera, mi familia fue dividida. Después de que nací, solo éramos yo, mi hermano y mi madre. Estábamos en un país donde todo era nuevo y no sabíamos el idioma. Todo lo que teníamos era el uno para el otro y algunos parientes de los que depender. La vida iba a ser difícil.

Después de unos años de vivir como lo hicimos, mi madre pudo conseguir una casa para que nosotros nos mudemos. A medida que pasaba el tiempo de vivir sola, mi madre conoció al hombre que ahora es su esposo. Un año después, decidieron tener a mi hermano. Después de mi hermano, mi madre iba a tener otro hermano pero terminó tristemente. Mis padres lo intentaron de nuevo y tuvieron éxito, eran gemelos, pero solo uno viviría.

Aunque nuestras vidas parecieran perfectas, siempre tuvimos nuestros defectos. Todas las cosas que hemos pasado definitivamente nos han hecho una familia más fuerte.

La Musica es mi Vida
By Zuriel Gil-Badillo

My home is where Mariachis, Norteñas, Banda, and Reggaetón is played. Even though I might not be from where the music originated from, I have that rhythm in my heart. It is the rhythms of Spanish music that gives me joy. It is the different beats to create one song. My favorite would be Bachata and Merengue. Even though the music doesn't run through my blood, I still call it home.

Bachata originated from the Dominican Republic. You use your hips to dance along. With a 4-step motion, using your hands of communication to spin, you sway to the rhythm of the music. It is said that the more hip movement you have, the more feeling you have towards the person you are dancing with. When you hear the guitar play so smoothly or the bongo drums so steadily, you can move your hips to the beat-- creating a dance that will never be forgotten.

Norteño music originated from Mexico but is a big part of the Mexican-American culture. From rocking back and forth to spinning so quickly, you forget where to place your feet. This music is hard to describe. When you hear it, you just know it's from Mexico. Artist who make the type of music use their voice in such a way. I can't even explain it, but it sounds so marvelous. Music is a huge part of Latin history. All countries have different ways to dance it. It's an amazing part and experience of my culture. We can all go to the party and come together-- dancing music in different ways. Music makes Latinos happy, especially me!

La Música es mi Vida
Zuriel Gil-Badillo

En mi casa tocan Mariachis, Norteñas, Banda y Reggaetón. Aunque podría no ser de donde se originó la música, tengo ese ritmo en mi corazón. Son los ritmos de la música Hispana la que me da alegría. Los diferentes ritmos para crear una canción. Mi favorito sería Bachata y Merengue. Aunque la música no corre por mi sangre, todavía la llamo hogar.

La Bachata, fue originado en la República Dominicana. Usando tus caderas para bailar. En un movimiento de 4 pasos, usando sus manos de comunicación para girar o simplemente oscilar al ritmo de la música. Se dice que cuanto más movimiento de la cadera, más sentimiento hacia la persona con la que estás bailando. Cuando escuche la guitarra tocar suavemente o los tambores bongo, moviendo sus caderas al ritmo. creando una danza que nunca será olvidada.

Norteño, la música se originó en México, pero es una gran parte de la cultura mexicano-estadounidense. Desde mecerse hacia adelante y hacia atrás para girar tan rápido que olvida dónde colocar los pies. Esta música es difícil de describir. Cuando lo escuchas, solo sabes que es de México. Los artistas que hacen el tipo de música, utilizan su voz de esa manera, ni siquiera puedo explicarlo, pero suena tan maravilloso. La música es una gran parte de la historia latina. Todos los países tienen diferentes formas de bailarlo. Es una parte increíble y una experiencia sobre mi cultura. Todos podemos ir a la fiesta y unirnos para bailar música de diferentes maneras. ¡La música hace felices a los latinos, especialmente a mí!

Growing Up
By Luis Zavala-Cervantes

It wasn't easy growing up. In fact, I matured faster than I should have. Being the oldest meant I was handed more responsibilities and started working at a young age. School was rough for me because I did not know English very well; this lasted for about three years in school. Trying to talk to or explaining to the teachers what I needed or wanted was hard because my English was limited. However, when my principal placed me in an ESL class, it helped me a lot. I could finally talk to teachers about the lessons.

Throughout this time, I worked hard in many things. I would work with my uncle, a handyman, doing a variety of odd jobs. I would get money to buy the things I needed; whatever was left over was for me to spend on what I wanted. At a very young age, I also started to have an interest in cars and how they worked. That is where I got the idea of becoming an automotive mechanic. I hope that one day I can achieve that dream and make my own car from scratch. To this day, it still is a dream I have and want to accomplish.

Middle school became a jumpstart for me because it meant that I had to make friends even though I was really shy at the time. When I passed my classes and made more friends, I made my parents proud.

Because of this transition, high school was an easy step for me, and I started taking honors classes. High school to me was a time to learn and a time to make new friends and keep old ones. Although I had fun, sometimes it was tough because people would separate themselves in ethnic groups, and it would be hard for me to make friends of other ethnicities because of this separation.

Now, I am a good student in school; all my teachers know and like me as a student and they hope one day that I'll be successful in life. I also hope to be successful in life and to never stop doing what I do, and to live my life to the fullest.

Creciendo
Por Luis Zavala-Cervantes

No fue fácil crecer; realmente tuve que madurando más rápido de lo que debería porque siendo el mayor se le asignan más responsabilidades y trabajar de joven. La escuela fue difícil para mí, porque no sabía mucho inglés y esto duró aproximadamente 3 años en la escuela. Tratar de hablar con los profesores y profesoras para explicarles lo que necesitaba o quería era difícil por no saber inglés. Mi directora me dijo que me iban a poner en una clase de ESL y me ayudó mucho. Finalmente pude hablar y explicarles a mis profesores sobre las lecciones escolares.

Trabajé duro en muchas cosas, trabajaría con mi tío haciendo diferentes tipos de trabajos, él era una persona que hacía de todo. Conseguía dinero para comprar las cosas que necesitaba, lo que me sobraba para gastar en lo que quería. A una edad muy joven también comencé a interesarme en los automóviles y en cómo funcionaban, así que ahí surgió la idea de convertirme en mecánico y espero poder algún día lograr ese sueño y hacer mi propio automóvil desde el principio. Hoy en día, todavía es un sueño que tengo y quiero lograr.

La secundaria fue un comienzo para mí porque significaba que tenía que hacer amigos a pesar de que era muy tímido en ese momento. Hacer más amigos mientras pasaba cada grado, consiguiendo buenas calificaciones y hacer mis padres orgullosos. La secundaria fue un paso fácil para mí al tener clases de honores. Para mí, la escuela fue un momento para aprender y hablar con personas que conoces o simplemente conocer a alguien por primera vez. Es divertido estar en la escuela porque despejas tu mente de las cosas que están sucediendo a tu alrededor y tienes tiempo para socializar con tus amigos. Hacer y perder amigos fue difícil porque las personas se separarían en etnicidades y sería difícil para mí hacer amigos en otras etnias debido a la separación.

Ahora en la vida presente soy un buen estudiante en la escuela, todos mis maestros me conocen y me quieren como estudiante y esperan algún día que tenga éxito en la vida. También espero tener éxito en la vida y nunca dejar de hacer lo que hago.

Recipe for Success
By Aldo Hernandez

The oldest memory I have of myself is my 3rd birthday. By then, I had already left Michoacan and moved temporarily into my aunt and uncle's apartment. I remember the chocolate American cake with Spongebob decoration I got very clearly. Then, sometimes I would try to extend that memory a little longer or try see what happens next, and my memory flickers like a VCR tape on TV. Those memories before I started school are some of the most precious memories I have in my recollection vault. It was just me and my Ama against the world ourselves.

I spent time playing at my cousin's house or with my mom at her job in the cocina cooking from morning till night. However, I only got to go with my mom on days she got out during noon. I used to joke that instead of a baby carriage, I was raised in the kitchen. I had my special chair at work that my mom would drag near her prep station so that I could sit and play my Gameboy. I remember sitting in my chair for hours and my neck being completely angled at my game so I could see in that bright kitchen. My mom's coworkers would be joke with me and ask me why I sat like I did. I would fix my posture until I lazily returned into my place. I actually got bored with playing my Pokémon game and would try to help my mom at work. I helped by using the potato fry-making tool to make french fries. Of course, I would also help by taste-testing the extra food left over.

I was the perfect boy for the job and after I was done, I would sit down with my coffee shop sandwich and chips. It was a big restaurant with a bar and all the employees liked me. On cold days, I would go upstairs to the warm library and read the few kid books they had. It was pretty cool too because I got to eat some tasty egg biscuits while reading. I explored the restaurant every day in the morning when nobody would be dining and sometimes while there were people eating. I wonder what those people thought of the lone boy in his chair reading a book and drinking hot chocolate.

I am blessed to have been born with such an imagination because all that time in the kitchen made me tired. And I wasn't even the one working-- my mom was.

Years later, I'm still in the kitchen. My mom owns her business at least but now I have to wash dishes and I don't have a chair to sit down and play games on anymore. If I did have the option to have the chair, I would let my mom take it. She can read and eat while I work for her this time.

Receta para el Éxito
Por Aldo Hernandez

El recuerdo más antiguo que tengo de mí es de mi tercer cumpleaños. En ese momento ya me había ido de Michoacán y me había mudado temporalmente al departamento de mi tío. Recuerdo la tarta de chocolate americano con decoración de Spongebob que obtuve muy claramente. Entonces, a veces, trato de extender ese recuerdo un poco más pero mi memoria parpadea como una cinta de video en la TV. Esos recuerdos antes de comenzar escuela son algunos de los más preciosos que tengo en mi bóveda de recuerdos. Solo fui yo y mi Ama contra el mundo.

Pasé el tiempo en la casa de mis primos jugando o con mi mamá en su trabajo en la cocina. Cocinaba ella desde la mañana hasta la noche. Solo pude ir con mi mamá algunas días. Solía bromear que, en lugar de un cochecito de bebé, me crié en la cocina. Tenía mi silla especial en el trabajo que mi madre arrastraba cerca de su estación de preparación para que yo pudiera sentarme y jugar a mi gameboy. Recuerdo haberme sentado en mi silla durante horas y haciendo mi cuello estar completamente inclinado por ver mi juego. Los compañeros del trabajo de mi madre siempre serían una broma conmigo y preguntaron por qué me senté como lo hice. Arreglaría mi postura hasta que volviera perezosamente a mi lugar. De hecho, me aburrí de jugar mi juego de Pokémon e intentaba ayudar a mi madre en el trabajo. Ayudé usando la herramienta para hacer papas fritas. Por supuesto, también ayudaría mi Ma probando la comida extra que sobró. Yo era el chico perfecto para el trabajo y después me sentaba con mi sándwich y papas fritas. Era un gran restaurante con un bar y todos los empleados me querían. En los días fríos sube a la cálida a la biblioteca y leía los pocos libros de niños que tenían. Bastante bueno también porque tuve que comer sabrosos bizcochos de huevo mientras leía. Exploraba el restaurante todos los días en la mañana cuando nadie cenaba y otras veces mientras la gente comía. Me preguntame solo qué pensaban esas personas del niño solitario sentado en su silla leyendo un libro bebiendo chocolate caliente.

Tengo la suerte de haber nacido con tanta imaginación porque todo ese tiempo en la cocina me cansó. Y ni siquiera estaba trabajando, mi madre sí estaba.

Años después y todavía estoy en la cocina. Mi madre es dueña de su negocio al menos, pero ahora tengo que lavar los platos y no tengo silla para sentarme y jugar más. Si tuviera la opción de tener la silla, dejaría que mi madre la tome. Ella puede leer y comer mientras yo trabajo para ella esta vez.

Chapter IV:

TO ANOTHER

LETTERS TO THE COMMUNITY

Letters on the strengths of Latino communities

Chapter IV:

A OTRO

CARTAS A LA COMUNIDAD

Cartas sobre las fortalezas de las comunidades latinas

We Will Rise
Janette Ramirez

Dear Society,

   As much as you want to oppress us, and intimidate us, we will rise. Strength runs in our blood along with determination, and nothing will stop us. Not the obstacles placed by the education system, nor the obstacles we face within ourselves and our communities. Our families came to America pursuing the American dream, a dream we now can see. Many of us will go to college, while others will find skilled jobs. No matter what, we will succeed in obtaining the American dream.

   We have been raised through sweat and tears, therefore you will never find harder workers than us, because while others complain and whine, we get the job done. Unfortunately, many Hispanic students aren't confident enough and don't reach their full potential. It is a confidence that is broken by the same country where they were born. But instead of helping them, you stereotype them, putting them in a box they think they can't get out of. A kind word, or helping hand is all they need, but maybe you're scared because you know how far we can rise.

   You say we're no different from everyone else, but with immigrant families, there are plenty of barriers. There are income barriers, language barriers, discrimination barriers, family separations, little educational knowledge, and sometimes less educational support from our families because of what little they understand about American education. But we don't want your pity, because this makes us work harder and find better lives than what our parents had to live. We become productive citizens by giving back to our communities and holding onto the morals taught to us by our parents. Our family ties run deep, and you will never find more caring and dedicated individuals than us. We have dedication that comes from our hard-working parents that illustrate the true definition of the American dream. Parents, and families earn our true respect and gratitude.

Because of everything we face, and everything we are taught, we are who we are. The qualities and what we have to offer should trump the predisposed thoughts you have of us. As a first-generation student, and future employee, I am bilingual, fluent in both Spanish and English, enhancing my ability to process information and learn. I am dedicated to pursuing my goals and succeeding in higher education, not stopping or faltering. I am hard-working, capable of studying long hours, and finishing all my other responsibilities outside of school. My family taught me to be independent and outspoken because I have to be my own advocate in the educational system. These are the many qualities I have to offer, qualities molded by status as a first-generation student.

Hispanics are far from weak, and society can't stop us.

Sincerely,
Janette Ramirez

Nos levantaremos
Janette Ramirez

Querida Sociedad,

Por mucho que quiera oprimirnos e intimidarnos, nos levantaremos. La fuerza corre en nuestra sangre junto con la determinación, y nada nos detendrá. No son los obstáculos que coloca el sistema educativo, ni los obstáculos que enfrentamos dentro de nosotros mismos y nuestras comunidades. Nuestras familias vinieron a América persiguiendo el sueño americano, un sueño que ahora podemos ver. Muchos de nosotros asistiremos a la universidad, mientras que otros encontrarán empleos calificados, sin importar lo que logremos para obtener el sueño americano. Hemos sido criados a través del sudor y las lágrimas, por lo tanto, nunca encontrarás trabajadores más dedicados que nosotros, porque mientras otros se quejan y lloriquean, nosotros terminamos el trabajo. Desafortunadamente, muchos estudiantes hispanos no tienen suficiente confianza y no alcanzan todo su potencial. Una confianza que se rompe en el mismo país donde nacieron. Pero en lugar de ayudarlos, los estereotipas y los colocas en una caja de la que creen que no pueden salir. Una palabra amable o una mano amigable es todo lo que necesitan, pero tal vez tengas miedo porque sabes cuán lejos podemos llegar.

Usted dice que no somos diferentes de los demás, pero de familias inmigrantes hay muchas barreras. Hay barreras de ingresos, barreras idiomáticas, barreras de discriminación, separaciones familiares, poco conocimiento educativo y, a veces, menos apoyo educativo por parte de nuestras familias, debido a lo poco que entienden sobre la educación estadounidense. Pero no queremos tu compasión, porque esto nos hace trabajar más duro, encontrar una vida mejor que la que nuestros padres tuvieron que vivir. Nos convertimos en ciudadanos productivos que le devolvemos a nuestras comunidades, aferrándonos a la moral que nos enseñaron nuestros padres. Nuestros lazos familiares son profundos, y nunca encontrarás personas más afectuosas y dedicadas. Dedicación que proviene de nuestros padres trabajadores que ilustran la verdadera definición del sueño americano. Padres y familias que se ganan nuestro verdadero respeto y gratitud.

Por todo lo que enfrentamos, y todo lo que nos enseñan, somos quienes somos. Las cualidades y lo que tenemos que ofrecer deben superar los pensamientos predispuestos que tienes de nosotros. Como estudiante de primera generación y futuro empleado, soy bilingüe, domino el español y el inglés, mejorando mi capacidad de procesar información y aprender. Me dedico a perseguir mis metas y tener éxito en la educación superior, sin detenerme o sin vacilar. Trabajo duro, soy capaz de estudiar largas horas y terminar todas mis otras responsabilidades fuera de la escuela. Y soy independiente y franca, me lo enseñó mi familia, porque tengo que ser mi propio defensor en el sistema educativo. Estas son pocas de las muchas cualidades que tengo que ofrecer, cualidades moldeadas por el estado como estudiante de primera generación.

Los hispanos no son nada débiles, y la sociedad no nos puede detenernos.

Sinceramente,
Janette Ramirez

To Be Honest
Zuriel Gil-Badillo

As a first-generation student, we have many things to offer the schools we attend such as culture, language, food, and our intelligence. I want my teachers to know that English was not my first language so when they call on me to read and tell me that I read slowly or pronounce words funny, it is because English was a language I learned. Although I may read slowly or pronounce things differently, it does not define me as a person. I grew up speaking Spanish, and while many may fear languages and cultures that are not their own, I see the deep value, worth and beauty of my many identities.

To my peers, I would like to say, "I am not a dictionary!" No, I will not teach you how to say such a cruel word. I understand your curiosity but take your time and learn about the diversity in the Latino community. We aren't just a few stereotypical things. I wish my peers knew that if you are going to speak to me, go slowly, and take your time; I will understand you more if you don't rush your words. ELL students are smart and we know many things you might not even know. We work twice as hard as most students because we want to make our parents proud. I am a first-generation student, second to graduate with my diploma, and I am proud to be a Hispanic woman.

Sinceramente
Zuriel Gil-Badillo

Como estudiante de primera generación, tenemos muchas cosas que ofrecer a las escuelas a las que asistimos, como la cultura, el idioma, la comida y nuestra inteligencia. Quiero que mis maestros sepan que el inglés no era mi primer idioma, así que cuando me llaman para leer y me dicen que leo despacio o pronuncio palabras divertidas, es porque el inglés era un idioma que aprendí. Aunque pueda leer despacio o pronunciar las cosas de manera diferente, no me define como persona. Crecí hablando español, y aunque muchos pueden temer idiomas y culturas que no son suyos, veo el profundo valor, el valor y la belleza de mis muchas identidades.

A mis compañeros, me gustaría decir: "¡No soy un diccionario!" No, no te enseñaré a decir una palabra tan cruel. Entiendo su curiosidad pero tómese su tiempo y aprenda sobre la diversidad en la comunidad latina. No somos solo unas pocas cosas estereotipadas. Ojalá mis compañeros supieran que si me vas a hablar, ve despacio y tómate tu tiempo; Te entenderé más si no apresuras tus palabras. Los estudiantes de ELL son inteligentes y sabemos muchas cosas que quizás ni siquiera conozcas. Trabajamos dos veces más que la mayoría de los estudiantes porque queremos enorgullecer a nuestros padres. Soy un estudiante de primera generación, segundo en graduarme con mi diploma, y estoy orgulloso de ser una mujer hispana.

Querido Mundo
Aldo Hernandez

A person's life can be described as the sum of all his or her experiences and how he or she emotionally reacted to it. No person's life is exactly the same and there are different types of people all over the world. I believe first-generation immigrants are especially important to our country because they provide perspective. The United States of America is a one of a kind place and the sense of unity and freedom among Americans is one of the reasons why people of all races and ethnicities try to come here.

Immigrants are the modern pilgrims of our generation. We have many purposes for coming whether for education, careers, safety, or family, but at the heart of it all lies opportunity. Language barriers and cultural differences are put aside when the people around us welcome us like friends. We understand you as much as you understand us for we all understand love and that is the feeling we have when we come all together.

The younger generation of immigrants have an easier time than the older immigrants in integrating new culture. We are similar to the younger generation born here in that we have a certain drive that pushes us to learn and experience new things. I believe this is what makes younger people more tolerant and accepting of change. In my case, I was very fortunate to have been able to learn English as quickly as I did. My education helped me understand and live the culture of my classmates.

However, not everyone has had the same resources and supportive environment like I have had. It is substantially more difficult to learn a new language as an older teenager than it is for a younger kid growing up. I meet and talk to these kids every day, and each and every day I can tell how much more they have learned.

I have experienced the system myself and can tell you how crucial these language-learning programs help immigrant kids. I think schools could improve these programs by introducing challenging reading programs and more bilingual teachers that could mentor these kids personally. Fellow students can help quite a bit by introducing culture to us. For example, I remember that in middle school we had a new kid from India that spoke little English when he first arrived. However, by the end of the year, we had gotten him into basketball and cool sneakers.

Most importantly, the greatest thing anybody ever gave me was his or her patience. Even today, I still appreciate the patience my teachers had for me when I had gotten a question wrong or when a classmate tried to talk to me normally. The effort is definitely noticed and that's all we as immigrants ask for.

Give us the opportunity and we'll give you our best and hardest work.

Querido Mundo
Aldo Hernandez

La vida de una persona se puede describir como la suma de todas sus experiencias y cómo reaccionó emocionalmente a ella. La vida de ninguna persona es exactamente la misma y hay diferentes tipos de personas en todo el mundo. Creo que los inmigrantes de primera generación son especialmente importantes para nuestro país porque brindan una perspectiva. Los Estados Unidos de América es uno de un lugar amable y el sentido de unidad y libertad entre los estadounidenses es una de las razones por las cuales las personas de todas las razas y etnias tratan de venir aquí.

Los inmigrantes son los peregrinos modernos de nuestra generación. Tenemos muchos propósitos para la educación, la carrera, la seguridad o la familia, pero en el fondo todo es una oportunidad. Las barreras del idioma y las diferencias culturales se dejan de lado cuando las personas que nos rodean nos reciben como amigos. Te entendemos tanto como nos entiendes porque todos entendemos el amor y ese es el sentimiento que tenemos cuando nos unimos todos. La generación más joven de inmigrantes tiene un tiempo más fácil que los inmigrantes mayores en la integración de la nueva cultura. Somos similares a la generación más joven que nació aquí porque tenemos un cierto impulso que nos empuja a aprender y experimentar cosas nuevas. Creo que esto es lo que hace que las personas más jóvenes sean más tolerantes y acepten el cambio. En mi caso, fui muy afortunado de haber podido aprender inglés tan rápido como lo hice. Mi educación me ayudó a comprender y vivir la cultura de mis compañeros de clase.

Sin embargo, no todos han tenido los mismos recursos y el mismo entorno de apoyo que yo. Es sustancialmente más difícil aprender un nuevo idioma como un adolescente mayor de lo que es para un niño más pequeño que crece. Me reúno y hablo con estos niños todos los días, y todos los días puedo decir cuánto más aprendieron.

He experimentado el sistema yo mismo y puedo decirle cuán crucial es que estos programas de aprendizaje de idiomas ayuden a los niños inmigrantes. Creo que las escuelas podrían mejorar estos programas mediante la introducción de programas de lectura desafiantes y más maestros bilingües que podrían ser mentores de estos niños personalmente. Los compañeros pueden ayudar bastante introduciéndonos la cultura. Por ejemplo, recuerdo que en la escuela secundaria tuvimos un niño nuevo de la India que hablaba muy poco inglés cuando llegó por primera vez. Sin embargo, para fin de año, lo habíamos metido en baloncesto y zapatillas de deporte geniales.

Lo más importante, lo más grande que alguien me haya dado fue su paciencia. Incluso hoy, todavía aprecio la paciencia que mis maestros tenían para mí cuando me preguntaban mal o cuando un compañero de clase trataba de hablarme normalmente. El esfuerzo definitivamente se nota y eso es todo lo que pedimos como inmigrantes.

Danos la oportunidad y te daremos nuestro mejor y más duro trabajo.

A Letter to WCPSS
Andrea Cervantes

Dear Students & Teachers of WCPSS,

I think that first-generation students have a lot to offer in multiple ways. First-generation students can offer help around the school with their intelligence in multiple subjects and with their unique talents. They are capable of doing things as much as other students can. I want teachers and peers to know that even if we have setbacks, we can still do anything that is available to us. First-generation students can help other students learn the language, culture, and traditions of our people.

The most important thing is that we all have something to offer one another. At times, first-generation students need help from other students or even support from adults if they have difficulties in class. I would want my teachers to know that English isn't my first language and that even with that, I can still be successful and that I won't let anything bring me down. I think that students and teachers should know that together, we could really make a change or impact people's lives. If I were a new student at the school, I would want students and teachers to know that I can be more than what I appear to be; I have heard of multiple situations where people have based others off of their assumptions.

However, first-generation students can be as smart as any other student, and students should not discriminate any student based on his or her race. Students at school should also know that as a Hispanic community, we are very strong and united. Together, we can create many beautiful things.

The best thing about being in the Latino community is that we've always been sticking by each other through difficult situations. We are all trying to be successful, to obtain a good education, and to have a great life. We all try and achieve it together.

Sincerely,
Andrea Cervantes

Una Carta a WCPSS
Andrea Cervantes

Estimados estudiantes y maestros de WCPSS,

Creo que los estudiantes de primera generación tienen mucho que ofrecer de múltiples maneras. Los estudiantes de primera generación pueden ofrecer ayuda en la escuela con su inteligencia en múltiples materias y con sus talentos únicos. Son capaces de hacer las cosas tanto como otros estudiantes. Quiero que los maestros y compañeros sepan que incluso si tenemos retrocesos, aún podemos hacer todo lo que esté disponible para nosotros. Los estudiantes de primera generación pueden ayudar a otros estudiantes a aprender el idioma, la cultura y las tradiciones de nuestra gente.

Lo más importante es que todos tenemos algo que ofrecer el uno al otro. A veces, los estudiantes de primera generación necesitan ayuda de otros estudiantes o incluso apoyo de adultos si tienen dificultades en la clase. Quisiera que mis profesores supieran que el inglés no es mi primer idioma y que incluso con eso, aún puedo tener éxito y que no dejaré que nada me deprima. Creo que los estudiantes y los docentes deberían saber que, juntos, podríamos hacer un cambio o afectar las vidas de las personas. Si fuera un estudiante nuevo en la escuela, me gustaría que los estudiantes y los maestros sepan que puedo ser más de lo que aparenta ser; He oído hablar de situaciones múltiples en las que las personas han basado a otros en sus suposiciones.

Sin embargo, los estudiantes de primera generación pueden ser tan inteligentes como cualquier otro estudiante, y los estudiantes no deben discriminar a ningún alumno en función de su raza. Los estudiantes en la escuela también deben saber que, como comunidad hispana, somos muy fuertes y unidos. Juntos, podemos crear muchas cosas hermosas.

Lo mejor de ser parte de la comunidad latina es que siempre nos hemos mantenido unidos a través de situaciones difíciles. Todos estamos tratando de tener éxito, obtener una buena educación y tener una gran vida. Todos tratamos de lograrlo juntos.

Sinceramente,
Andrea Cervantes

A Letter to WCPSS
Luis Zavala-Cervantes

Dear Students & Teachers of WCPSS,

I just want to inform you that Latinos can achieve the same goals other students can achieve. We are always trying to achieve our goals for our future. Personally, some teachers think that I am not capable of what other students are doing. However, this doesn't bring me down nor change what I am doing now as a student. First-generation students offer so many things like dedication, pride for their race, and the belief in hard work. These students also want a better future for themselves and to have a successful job and life. Their parents immigrated here to the United States for a reason, and that reason is for their kids to have a better education than the education they had as a student from where they came from.

I wish my teachers wouldn't underestimate me for being Latino and not believe that I can excel in their classes, especially the honors or advanced classes. However, I try to encourage others instead. Being a first-generation student, being Latino, and being in advanced classes makes me proud of myself in general. If I see another Latino student in my class, I tell them to not let themselves be judged for being Latino and being in an advanced class.

Together, we can be proud of who we are.

Sincerely,
Luis Zavala-Cervantes

Una Carta a WCPSS
Luis Zavala-Cervantes

Estimados estudiantes y maestros de WCPSS,

Solo quiero informarles que los latinos pueden lograr los mismos objetivos que otros estudiantes pueden lograr. Siempre estamos tratando de lograr nuestros objetivos para nuestro futuro. Personalmente, algunos maestros piensan que no soy capaz de lo que otros estudiantes están haciendo. Sin embargo, esto no me deprime ni cambia lo que estoy haciendo ahora como estudiante. Los estudiantes de primera generación ofrecen muchas cosas como dedicación, orgullo por su raza y la creencia en el trabajo duro. Estos estudiantes también quieren un futuro mejor para sí mismos y para tener un trabajo y una vida exitosos. Sus padres inmigraron aquí a los Estados Unidos por una razón, y esa es la razón por la cual sus hijos tienen una mejor educación que la educación que tenían como estudiantes de donde venían.

Deseo que mis maestros no me subestimen por ser latino y no crean que puedo destacar en sus clases, especialmente los honores o las clases avanzadas. Sin embargo, trato de alentar a los demás en su lugar. Ser un estudiante de primera generación, ser latino y estar en clases avanzadas me hace sentir orgulloso de mí mismo en general. Si veo a otro estudiante latino en mi clase, les digo que no se dejen juzgar por ser latinos y estar en una clase avanzada. Juntos, podemos estar orgullosos de quienes somos.

Sinceramente,
Luis Zavala-Cervantes

A Letter to WCPSS
Kevin Xavier Garcia-Galindo

Dear Wake County School System,

I am a student who is enrolled in one of the schools in your school system. I think that you should value the Hispanic community enrolled in your schools. I want you to know the experiences that Hispanics have to go through everyday. Everyone has a story and here is mine.

I was the first from my family to be born here in the United States--meaning that I'm a first-generation immigrant. I think that I'm in a weird place because I'm tied to both my parents' cultures equally as much as I am to my new American culture. I am as much a product of the environment I grow up in and the influence my parents have on me. I don't lean either way.

Being a first-generation immigrant is like having an identity crisis. It is not knowing what to do when it comes to checking that box. Are you white, Native American, or Native Hawaiian? I don't know. Does it really matter? Yet, I feel great pride when I speak about where I come from. Even though I've only been there once and my memories are blurry, I can still say that it is my home and that is where I want to be.

The country of the United States can be so ungrateful sometimes. I don't get how someone can receive fruit from the hand of a laborer but slap him with his other. How can someone actively benefit from another and then ask them to leave before they have a piece of the pie? We bring gifts and people are so quick to take them.

In my mind, we are those gifts. We are the future of the United States. We all have a deep built-in hunger for more. All immigrant children want to achieve more. We are complicated individuals in a journey to discover what we want to do in life. I hope that you can understand the struggle we go through and that our families go through.

I want to thank you for all the support you have given to our community. There are translators at every school and I have never had a problem with a school paper that did not have a Spanish version. I just want to ask you to work harder on getting information out to the people who need it most: our community, who has a hard time being informed.

Sincerely,
Kevin Xavier Garcia-Galindo

Una Carta a WCPSS
Kevin Xavier Garcia-Galindo

Estimado sistema escolar del condado de Wake,

Soy un estudiante que está inscrito en una de las escuelas de su sistema escolar. Creo que debe valorar a la comunidad hispana inscrita en sus escuelas. Quiero que sepas las experiencias que los hispanos tienen que pasar todos los días. Todos tienen una historia y aquí está la mía.

Fui el primero de mi familia en nacer aquí en los Estados Unidos, lo que significa que soy un inmigrante de primera generación. Creo que estoy en un lugar extraño porque estoy vinculado tanto a las culturas de mis padres como a mi nueva cultura estadounidense. Soy un producto del medio ambiente en el que crezco y de la influencia que mis padres tienen en mí. No me inclino de ninguna manera.

Ser un inmigrante de primera generación es como tener una crisis de identidad. No sabe qué hacer cuando se trata de marcar esa casilla. ¿Eres blanco, nativo americano o nativo de Hawai? No lo sé. ¿Realmente importa? Sin embargo, siento un gran orgullo cuando hablo de dónde vengo. A pesar de que solo he estado allí una vez y mis recuerdos están borrosos, aún puedo decir que es mi hogar y que es donde quiero estar.

El país de los Estados Unidos puede ser tan ingrato algunas veces. No entiendo cómo alguien puede recibir fruta de la mano de un trabajador pero darle una bofetada con la otra. ¿Cómo puede alguien beneficiarse activamente de otro y luego pedirles que se vayan antes de tomar un pedazo del pastel? Traemos regalos y la gente se apresura a llevarlos.

En mi mente, somos esos regalos. Somos el futuro de los Estados Unidos. Todos tenemos un profundo hambre de más. Todos los niños inmigrantes quieren lograr más. Somos individuos complicados en un viaje para descubrir lo que queremos hacer en la vida. Espero que puedan entender la lucha que atravesamos y que nuestras familias avancen.

Quiero agradecerles por todo el apoyo que han brindado a nuestra comunidad. Hay traductores en cada escuela y nunca he tenido un problema con un periódico escolar que no tenía una versión en español. Solo quiero pedirte que trabajes más duro para llevar la información a las personas que más la necesitan: nuestra comunidad, que tiene dificultades para mantenerse informada.

Sinceramente,
Kevin Xavier Garcia-Galindo

A Letter to WCPSS
Erik Modesto-Reyes

Dear Wake County Public School System,

As a first-generation student, I know that we have an opportunity that our parents wish they had. The first-generation students are children that were born in the United States legally and have documents that consider themselves as a US citizen. Their progenitors are classified as migrants since they emmigrated from their country into a world that offers a better future for their children's.

We have a chance to make a difference in our lives and accomplish our goals like other people. Sometimes people may tease us because we're related to an immigrant family or are a part of that same race, but that shouldn't discourage us; instead, it should motivate us to continue our journey toward success.

In the school system, many immigrant students come from different countries and they're nervous about attending school in a new area that they can't be acknowledged in. However, I helped translate languages with immigrant students and I now have a better understanding of why these students come to this place.

The first-generation students have similar opportunities that their peers have while immigrant students have to learn a foreign language and adapt to their culture. It's a struggle for both the student and the teacher since immigrant students are placed in a class that teaches in Spanish ---English Second Language (ESL) class.

Sometimes the school offers special programs, but I feel that Hispanic people aren't receiving any information that can help benefit them. We have a huge disadvantage because our parents don't speak English nor understand the American experience while American parents can be resourceful with their children's education and opportunities.

Therefore, if I were a new student at the school, I would want my teachers to recognize me as a hard-working student and not discriminate me because of my race. I would want to know opportunities available to me. I can relate to this because I had a similar situation when I was growing up and couldn't speak both languages. Eventually, I conquered this obstacle, and now can help others.

I want everyone to understand that no matter where you come from, you can impact others by finding a way to overcome any obstacle.

Anyone can do it: are you up for the challenge?

Sincerely,
Erik Modesto-Reyes

Una Carta a WCPSS
Erik Modesto-Reyes

Estimado Sistema de Escuelas Públicas del Condado de Wake,

Como estudiante de primera generación, sé que tenemos una oportunidad que nuestros padres desearían tener. Los estudiantes de primera generación son niños que nacieron en los Estados Unidos legalmente y tienen documentos que se consideran ciudadanos estadounidenses. Sus progenitores son clasificados como migrantes desde que emigraron de su país a un mundo que ofrece un mejor futuro para sus hijos.

Tenemos la oportunidad de hacer una diferencia en nuestras vidas y lograr nuestros objetivos como otras personas. A veces las personas pueden molestarnos porque estamos relacionados con una familia de inmigrantes o somos parte de esa misma raza, pero eso no debería desalentarnos; en cambio, debería motivarnos a continuar nuestro viaje hacia el éxito. En el sistema escolar, muchos estudiantes inmigrantes vienen de diferentes países y están nerviosos por asistir a la escuela en un área nueva en la que no pueden ser reconocidos. Sin embargo, ayudé a traducir idiomas con estudiantes inmigrantes y ahora entiendo mejor por qué estos estudiantes vienen a este lugar.

Los estudiantes de primera generación tienen oportunidades similares a las de sus compañeros mientras que los estudiantes inmigrantes tienen que aprender un idioma extranjero y adaptarse a su cultura. Es una lucha tanto para el estudiante como para el docente, ya que los estudiantes inmigrantes son ubicados en una clase que imparte clases de español e inglés de segundo idioma (ESL).

A veces, la escuela ofrece programas especiales, pero creo que los hispanos no reciben ninguna información que pueda ayudarlos. Tenemos una gran desventaja porque nuestros padres no hablan inglés ni entienden la experiencia estadounidense, mientras que los padres estadounidenses pueden ser ingeniosos con la educación y las oportunidades de sus hijos.

Por lo tanto, si fuera un estudiante nuevo en la escuela, me gustaría que mis maestros me reconozcan como un estudiante trabajador y no me discriminen por mi raza. Me gustaría saber las oportunidades disponibles para mí. Me puedo identificar con esto porque tuve una situación similar cuando era pequeño y no podía hablar los dos idiomas. Eventualmente, conquisté este obstáculo, y ahora puedo ayudar a otros.

Quiero que todos entiendan que no importa de dónde vienes, puedes impactar a los demás encontrando la manera de superar cualquier obstáculo.

Cualquiera puede hacerlo: ¿estás listo para eldesafío?

Sinceramente,
Erik Modesto-Reyes

Dear American Education System
Briza Reyes-Cruz

Dear American Education System,

I am an activist and advocate for my Latino pride. As an advocate, I am here to inform you of all that Latinos *should* mean to you. I am a first-generation student and a first-generation American. I cannot completely attest to the experiences that all first-generation and immigrant students have, but I can tell you what I see and hear from each Latino. You see us as numbers and as everything you have labeled us. But I am here --we are here-- to tell you who we truly are as people.

First and foremost, who are we? We are the next generation of the United States. We are the children of immigrants who left everything behind for us to have this opportunity. We are also some of the students most persecuted for the most minimal mistakes. Constantly being reminded that who we are makes us less than others. You may say that this isn't what teachers are supposed to represent, but teachers for the most part contradict every word they say. We are a new generation of young Latinos who are not going to apologize for who our ancestors are and who we are becoming. We will never forget our heritage and we will not let this unfair treatment discourage us.

As students who come from all over North and South America, we have so much to offer this system. We have our culture and our country's knowledge. We can share politically correct views on our lives. You could see it from our very own perspective instead of the perspective of a man who spends his days tweeting away nonsense (yes

President Trump, I'm talking about you). We offer the knowledge of the history of our people. We offer our culture in the sense of our music, and our foods. We have too much to offer: why would you to want to send us away?

Now, what do we need? We need opportunity, encouragement, and understanding. We come from families who only speak one language. We come from families who are cared for by a single mother or father. We don't have everything we would like to have, but we do have everything we need. Not everybody has the resources necessary to move forward in life; sadly, most Latinos don't have these necessities. This is the reason why we need you, as the American education system, to understand that we don't need your persecution. We don't need your judgement or your consequences. We need your understanding, and we need you to try to see the way we see. To see us the way we need to be seen. We need to be seen the way students with privilege are seen.

Briza Reyes-Cruz

Sistema de Educación Americana
Briza Reyes-Cruz

Sistema de Educación Americana,

Soy un activista y defensor de mi orgullo latino. Como defensor, estoy aquí para informarle de todo lo que los latinos deberían significar para usted. Soy un estudiante de primera generación y un estadounidense de primera generación. No puedo atestiguar por completo las experiencias que tienen todos los estudiantes de primera generación e inmigrantes, pero puedo decirles lo que veo y escucho de cada latino. Nos ves como números y como todo lo que nos has etiquetado. Pero estoy aquí, estamos aquí, para decirte quiénes somos realmente como personas.

En primer lugar, ¿quiénes somos? Somos la próxima generación de los Estados Unidos. Somos hijos de inmigrantes que dejaron todo atrás para que tengamos esta oportunidad. También somos algunos de los estudiantes más perseguidos por los errores más mínimos. Recordando constantemente que quienes somos nos hace menos que otros. Puede decir que esto no es lo que los maestros deben representar, pero los maestros en su mayoría contradicen cada palabra que dicen. Somos una nueva generación de jóvenes latinos que no se disculparán por quiénes son nuestros antepasados y en quién nos estamos convirtiendo. Nunca olvidaremos nuestro patrimonio y no permitiremos que este trato injusto nos desaliente.

Como estudiantes que vienen de todas partes de Norte y Sudamérica, tenemos mucho para ofrecer este sistema. Tenemos nuestra cultura y el conocimiento de nuestro país. Podemos compartir opiniones políticamente correctas sobre nuestras vidas. Podrías verlo desde nuestra propia perspectiva en lugar de la perspectiva de un hombre que pasa sus días twitteando sin sentido (sí, presidente Trump, estoy hablando de ti). Ofrecemos el conocimiento de la historia de nuestra gente. Ofrecemos nuestra cultura en el sentido de nuestra música y nuestros alimentos. Tenemos mucho que ofrecer: ¿por qué querrías enviarnos?

Ahora, ¿qué necesitamos? Necesitamos oportunidad, aliento y comprensión. Venimos de familias que solo hablan un idioma. Venimos de familias que son cuidadas por una madre soltera o padre. No tenemos todo lo que nos gustaría tener, pero sí tenemos todo lo que necesitamos. No todos tienen los recursos necesarios para avanzar en la vida; lamentablemente, la mayoría de los latinos no tienen estas necesidades. Esta es la razón por la cual necesitamos que usted, como sistema educativo estadounidense, entienda que no necesitamos su persecución. No necesitamos tu juicio o tus consecuencias. Necesitamos su comprensión, y necesitamos que intente ver la forma en que vemos. Para vernos de la manera en que necesitamos ser vistos. Necesitamos que se nos vea de la misma manera que se ve a los estudiantes privilegiados.

Briza Reyes-Cruz

Chapter V:

JUNTOS

ESSAYS

Essays that express our gratitude for Juntos NC

Chapter V:

JUNTOS

ESSAYS

*Ensayos que expresan nuestra gratitud por
Juntos NC*

Grateful
By Zuriel Gil-Badillo

Juntos is a great program for learning many things. First off, I want to say Juntos in English means "together." This is a great club where Latinos or anyone can come together to learn new things and it also consists of community service hours out of school or other great opportunities Ms. B finds for us. This program helps teach us life skills and we learn about leadership and how to balance our responsibilities. We also listen to guest speakers about how they found their inspiration and career pathway. In participating in these activities, Juntos helps you prepare for college or careers after high school.

I have been attending Juntos for two years, including this year. During my first year, I was on the leadership team and helped with many things such as the newspaper we had. This year, I went to a trip to the beach for 4-H and learned many things. I also went to the NC State campus for a college fair for Latinos. Juntos has many great opportunities for anyone. Juntos made me become a leader; it motivated me to be able to go in front of a crowd of students and not get nervous. This has been a safe place for me and I can spend time with people who are just like me.

Juntos wouldn't be an amazing club with amazing people if it wasn't for Beatriz, Mrs. Gina, and other leaders Ms. B brings in and the involvement activities Ms. B prepares for us. For that I am grateful, I am grateful for the Juntos staff because they have helped my high school experience be great so far.

In addition, Juntos has helped my family get informed about college and how it works. I've also met some funny, weird people that are now some of my closest friends. It's a great environment whether you come in the beginning of the year or freshman year. When you are in Juntos, you start to grow mentally and physically on how you act upon things as the years go by.

I've also learned about myself and others through ice breakers, which are usually a game where you can see who a leader or a follower is. The very first one I remember was when I was a sophomore and Ms. B would ask many questions about ourselves and our lives. Since my friends were there, I would laugh at the questions and joke around. This year, Ms. B asked the same questions but I was different. I was being honest and I learned new things about others, and others learned new things about me. Most of the questions were about immigration or other things many of us felt uncomfortable revealing about ourselves. It made me grateful that I am a first-generation student and that I come from a family of immigrants who work as hard like the rest of the people who live here do. Wake County should know that we are all different; we all have different stories, and we embrace it. There should be more clubs like this not just in Wake County but throughout North Carolina.

Juntos has made a big impact on my life and many others. I've met people who I've become so close to, learned about different careers, and experienced different groups or organizations that come together. Juntos is a great club--so many people are in it and come back when we have meetings because it's so great. Juntos will always be apart of my life. I am forever grateful for Juntos.

Agradecido
By Zuriel Gil-Badillo

Juntos es un gran programa para aprender muchas cosas. En primer lugar, quiero decir que Juntos en inglés significa "juntos". Este es un gran club donde los latinos o cualquiera puede reunirse para aprender cosas nuevas y también consiste en horas de servicio comunitario fuera de la escuela u otras grandes oportunidades que la Sra. B encuentra para nosotros. Este programa nos ayuda a enseñar habilidades para la vida y aprendemos sobre liderazgo y cómo equilibrar nuestras responsabilidades. También escuchamos a los oradores invitados sobre cómo encontraron su inspiración y trayectoria profesional. Al participar en estas actividades, Juntos te ayuda a prepararte para la universidad o una carrera después de la escuela secundaria.

He estado asistiendo a Juntos durante dos años, incluso este año. Durante mi primer año, formé parte del equipo de liderazgo y me ayudó con muchas cosas, como el periódico que teníamos. Este año, fui a un viaje a la playa para 4-H y aprendí muchas cosas. También fui al campus de NC State para una feria universitaria para latinos. Juntos tiene muchas grandes oportunidades para todos. Juntos me hizo ser un líder; me motivó a poder ir frente a una multitud de estudiantes y no ponerme nerviosa. Este ha sido un lugar seguro para mí y puedo pasar tiempo con personas que son como yo.

Juntos no sería un club increíble con personas increíbles si no fuera por Beatriz, la Sra. Gina, y otros líderes que la Sra. B aporta y las actividades de participación que la Sra. B prepara para nosotros. Por eso estoy agradecido, estoy agradecido por el personal de Juntos porque han ayudado a que mi experiencia en la escuela secundaria sea excelente hasta ahora. Además, Juntos ha ayudado a mi familia a informarse sobre la universidad y cómo funciona. También conocí a algunas personas divertidas y raras que ahora son algunos de mis amigos más cercanos. Es un gran ambiente si vienes al principio del año o al primer año. Cuando estás en Juntos, comienzas a crecer mental y físicamente en cómo actúas sobre las cosas a medida que pasan los años.

También aprendí sobre mí y sobre los demás a través de los rompehielos, que generalmente son un juego en el que puedes ver quién es un líder o un seguidor. El primero que recuerdo fue cuando estaba en segundo año y la Sra. B hacía muchas preguntas sobre nosotros mismos y nuestras vidas. Como mis amigos estaban allí, me reía de las preguntas y bromeaba. Este año, la Sra. B hizo las mismas preguntas, pero yo era diferente. Estaba siendo honesto y aprendí cosas nuevas sobre otros, y otros aprendieron cosas nuevas sobre mí. La mayoría de las preguntas fueron sobre inmigración u otras cosas que muchos de nosotros nos sentimos incómodos al revelar sobre nosotros mismos. Me hizo sentir agradecido de que soy un estudiante de primera generación y que vengo de una familia de inmigrantes que trabajan tan duro como el resto de las personas que viven aquí. El condado de Wake debería saber que todos somos diferentes; todos tenemos diferentes historias, y lo aceptamos. Debería haber más clubes como este no solo en el condado de Wake sino en todo Carolina del Norte.

Juntos ha tenido un gran impacto en mi vida y muchos otros. He conocido personas con las que me he hecho tan cercano, aprendí sobre diferentes carreras y experimenté diferentes grupos u organizaciones que se unen. Juntos es un gran club; mucha gente participa y vuelve cuando tenemos reuniones porque es muy bueno. Juntos siempre será parte de mi vida. Estoy eternamente agradecido por Juntos.

Look Back
By Aldo Hernandez

Being together is the definition of what Juntos is. It is very fitting in its meaning because that's exactly what we do at club. We discuss and do different activities at school and at other places together. I like to involve myself because it is very fulfilling to help one another as everyone benefits from it.

The club meetings are very supportive and aim to help individuals and groups find opportunities they might have not known about otherwise. During these meetings, we often have talks from mentors and community leaders that offer advice that is useful for life. Many of these speakers come from similar backgrounds as us and because of it, we feel more impacted by their words. We as a group get to discuss topics like college, businesses, and social justice. Each one of these topics aren't talked about enough in Hispanic and Latino communities and because of this, many people in our club appreciate everything the club does to offer.

Juntos is about the people and the bonds they create when volunteering or supporting one another. The volunteer work isn't as heavy when you're around friends and the whole community. Juntos is about the positive influences we as students can make on our lives, as well as the lives of our families and school. As a club, we work with other organizations that share our goal. We also give back to our school when we volunteer such as when we help set up events at Garner.

Juntos cares deeply for our community because it's not just our home but our whole family. We are out here accomplishing goals in the name of rising Hispanic leadership, and we want to make our families and country proud by becoming young educated professionals so that we could one day make a better world for the next generation of students.

Recordando
Por Aldo Galvan Hernandez

Estar juntos es la definición de lo que es la programa Juntos. Es muy apropiado en su significado porque eso es exactamente lo que hacemos en el club. Discutimos y hacemos diferentes actividades en la escuela y en otros lugares juntos. Me gusta involucrarme porque es muy gratificante ayudar a otros porque todos se benefician de eso.

Las reuniones del club son muy favorables y su objetivo es para ayudar a individuos y grupos a encontrar oportunidades que dé otro modo no hubieran conocido. Durante estas reuniones, a menudo tenemos charlas de mentores y líderes comunitarios que brindan consejos que son útiles para la vida en general. Muchos de estos oradores provienen de antecedentes similares a nosotros y por eso, nos sentimos más afectados de sus palabras. Nosotros, como grupo, discutimos temas como la universidad, las empresas y la justicia social. Cada uno de estos temas no son hablaron suficientemente por en las comunidades hispanas y latinas y debido a esto, muchas gente en nuestro club aprecian todo lo que el club puede ofrecer.

Juntos se trata de las personas y los lazos que crean cuando se ofrecen como voluntarios o se apoyan mutuamente. El trabajo voluntario no es tan pesado cuando estamos con amigos y con toda la comunidad. Juntos se trata de las influencias positivas que nosotros como estudiantes, podemos hacer en nuestras vidas, así como en las vidas de nuestras familias y la escuela. Nosotros, como un club, ayudamos a colaborar con otras organizaciones que comparten nuestro objetivo. También ayudamos a nuestra escuela cuando somos voluntarios, como cuando ayudemos a organizar eventos en Garner.

Juntos se preocupa profundamente por nuestra comunidad porque no es solo nuestro hogar, sino también nuestra familia. Estamos aquí logrando metas en el nombre del creciente liderazgo hispano y queremos hacer algo que nuestras familias y nuestro país se sientan orgullosos de así que algún día podemos hacer un mejor mundo para la próxima generación de estudiantes.

Juntos
By Kevin Xavier Garcia-Galindo

Juntos is what has shaped me into the person that I am today. Juntos is a place where I feel comfortable and where I can be myself. I would have never thought of being club president for any club that I was in. I was always the follower and not the leader, but Ms. Beatriz helped me find the leader in me. I always wanted to take the initiative, but I was always scared to do so. I was already part of a minority, so why would I expose myself even more by putting myself out there? It was in those moments that I realized that, I wasn't gonna get anywhere in life if I don't take risk.

I have grown a lot after being in this club for so long. If you had met me before I joined Juntos, you would think that I am a completely different person compared to who I am after I joined Juntos.

I remember going to a 4-H conference in the middle of summer. I was so nervous. I knew from past experiences that I would surely be the only Hispanic there or so I thought. That was until I saw someone across the room. Finally, I had met another 4-Her that was in Juntos. I remember meeting him and talking about how much we had in common. I realized that there were so many people going through the same of experience of being the only one. I don't think that I could have gone that entire week without being with someone similar to me. It was through that experience that I learned that it's ok to be first to stand out.

I used to be the kind of person who was terrified to be first. I know a lot of people can relate. I'm the clumsiest person you will ever meet. That was the reason that I always refused to be the alpha of the group--that was until I realized that it doesn't matter if I make a mistake. If I don't put myself out there, then I never get to put my name up there. If I'm always the last one to join, then I'll always be the first one to leave.

I choose to be who I want to be. In a nutshell, that's really what I learned from Juntos. I am the conductor of my own train, and my obstacles and critics only supply the coal.

Juntos
Por Kevin Xavier Garcia-Galindo

Juntos es lo que me ha convertido en la persona que soy hoy. Juntos es un lugar donde me siento cómodo y donde puedo ser yo mismo. Nunca hubiera pensado en ser presidente del club de ningún club en el que estuviese. Siempre fui el seguidor y no el Líder, pero Beatriz me ayudó a encontrar al líder en mí. Siempre quise tomar la iniciativa pero siempre tuve miedo de hacerlo, me sentí mal por ser el único. Ya era parte de una minoría, entonces ¿por qué me expondría aún más poniéndome ahí afuera? Fue en esos momentos cuando me di cuenta de que no iba a llegar a ningún lado en la vida si no arriesgaba.

Crecí mucho después de estar en este club por tanto tiempo. si me hubieras conocido al mi antes de unirme a juntos y al mí antes, pensarías que eran dos personas completamente diferentes. Recuerdo cuando fue a una conferencia 4-H en el medio del verano. Estaba tan nervioso. Sabía que por experiencias pasadas que seguramente sería el único hispano allí o eso creía. Eso fue hasta que vi a alguien al otro lado de la habitación. Finalmente me encontré con otro 4-Her que también estaba en Juntos. Recuerdo cuando lo conocí, nos hicimos amigos al instante y hablamos de lo mucho que teníamos en común. Me di cuenta de que había tantas personas pasando por la misma experiencia de ser el único hispano en el cuarto. No creo que hubiera podido pasar toda esa semana sin estar con alguien similar a mí. Fue a través de esa experiencia que aprendí que está bien ser el primero.

Solía ser el tipo de persona que estaba aterrorizada por ser la primera. Sé que mucha gente puede relacionarse. Soy la persona más torpe que jamás conocerás. Esa fue la razón por la que siempre me negué a ser el alfa del grupo, eso fue hasta que me di cuenta de que no importa si me equivoco. "A quién le importa" si no me pongo ahí fuera de lo que nunca consigo poner mi nombre allí. Si siempre soy el último en unirme, siempre seré el primero en irme.

Elijo ser quien quiero ser En resumen, eso es realmente lo que aprendí de Juntos. Soy el conductor de mi propio tren y mis obstáculos y críticos solo suministran el carbon

What it is
By Briza Reyes-Cruz

Every other Thursday, I meet up with people who remind me of me. A room of young minorities with a bright future. We have been asked the question, "What does *Juntos* mean to you?" But for someone like me to answer this question, it's a bit more difficult. I only just became apart of the *Juntos* program, and I truly regret not entering sooner. Allow me to explain what *Juntos* means.

To my family, *Juntos* means awareness. I can only speak completely for myself, but I know that I come from a family who was not given educational opportunities. My mother always tells me to take advantage of it because she wants a better future for me. *Juntos* keeps my family informed on all that I need to get further in life. They give us connections to colleges and scholarships. Not only that, but to them, it's a safe way for me to stay connected to my culture. Through our religious lens, they see it as an opportunity for me to help those who are going through the same things I have gone through--a way to give guidance to those in need.

To me, *Juntos* means community. It's a place where I can enter into the comforting embrace of people who understand me both verbally and mentally. It's a place where many different people become almost one in the same. It's a place where we are shown examples of people who are just like us. During each meeting, we are introduced to people who regardless of being seen as minorities followed through with what they believe. Most of the students in this program are "First Generation

Students," meaning most of these students don't discuss their future college plans.

Juntos is important to us-- the students. It gives a sense of hope to see role models who reminds you of yourself and are doing what you want to do. With this hope, we are given belief. Our leaders believe in us and for some people, that's all that's needed to try harder. It's not all about school. We, as the next generation, are working hard to avoid our current day racial issues. We stand together for what we believe: to bring greater opportunities not only for ourselves but for our families and our future generations. That is what Juntos means to me

Lo Que Es
Por Briza Reyes-Cruz

Cada dos jueves, me encuentro con personas que me recuerdan a mí. Una habitación de jóvenes minorías con un futuro brillante. Nos han preguntado: "¿Qué significa Juntos para ti?" Pero que alguien como yo responda esta pregunta, es un poco más difícil. Acabo de convertirme en parte del programa Juntos, y realmente lamento no haber ingresado antes. Permítame explicar lo que significa Juntos. Para mi familia, Juntos significa conciencia. Solo puedo hablar completamente por mí mismo, pero sé que vengo de una familia a la que no se le dieron oportunidades educativas. Mi madre siempre me dice que lo aproveche porque quiere un futuro mejor para mí. Juntos mantiene a mi familia informada sobre todo lo que necesito para avanzar en la vida. Nos dan conexiones a universidades y becas. No solo eso, sino que para ellos es una forma segura de mantenerme conectado con mi cultura. Desde nuestro punto de vista religioso, lo ven como una oportunidad para ayudar a aquellos que están pasando por las mismas cosas que yo he vivido: una forma de orientar a los necesitados.

Para mí, Juntos significa comunidad. Es un lugar donde puedo entrar en el abrazo reconfortante de personas que me entienden tanto verbal como mentalmente. Es un lugar donde muchas personas diferentes se vuelven casi una en la misma. Es un lugar donde se nos muestran ejemplos de personas que son como nosotros. Durante cada reunión, nos presentan a personas que, independientemente de ser vistas como minorías, siguen con lo que creen. La mayoría de los estudiantes en este programa son "estudiantes de primera generación", lo que significa que la mayoría de estos estudiantes no discuten sus planes universitarios futuros. Juntos es importante para nosotros; los estudiantes. Da la sensación de esperanza de ver a alguien que te recuerda a ti mismo haciendo lo que quieres hacer. Se nos da creencia. Nuestros líderes creen en nosotros y para algunas personas, eso es todo lo que se necesita para esforzarse más. No se trata solo de la escuela. Nosotros, como la próxima generación, estamos trabajando arduamente para evitar nuestros problemas raciales actuales. Nos unimos por lo que creemos. Para traer mayores oportunidades no solo a nosotros mismos, sino a nuestras familias, nuestras futuras generaciones. Eso es lo que Juntos significa para mí

The Juntos Family
By Janette Raminerz

I have been a part of Juntos since 8th grade, making me a part the first generation of Juntos. When I joined in 2014, Juntos offered the students a safe haven, and a place where we could find a family. And for the last four years Juntos has become so much more. It is a place that holds no judgement; it has helped so many of us grow; and we have come to find a support system with the mentors and friends.

Juntos was made specifically for Hispanic students, and in every meeting, we interact and share our thoughts. A lot of us face similar challenges at school and at home, and also experience similar struggles as Latinos in this country. Never in my four years with Juntos have I ever felt judged or left out. We are a family bonded with the similarities that bring us together--- helping each other fight the battles we face as Hispanics. This is something unique about Juntos, because besides our struggles, the food we eat, the activities we like to partake in, and the music we listen to and love, connects us as one community.

When I had the opportunity to go to Juntos Summer Academy, I was amazed on how it didn't matter where we came from in NC: what joined us trumped our distance from one another. Academy is a week spent at NC State University where we learn all about college life with Juntos students from all across North Carolina. The experience was like the community I had come to find in Juntos back home but it grew five times its size.

Like the opportunity to spend a week in NC State University, Juntos offers many more opportunities for us to grow as students and Ito earn all we need to learn to become successful and productive citizens once we graduate high school. From Thursdays clubs to family nights to summer opportunities, they all offer us valuable information that help us achieve our goals and dreams-- dreams which many of us thought weren't realistic or obtainable. This is all thanks to the many information sessions and guidance from our mentors.

I have seen many of my friends over the years become successful students because of Juntos, including myself. Juntos has helped to motivate me and realize that the future is something to be excited about, and it helped me grow from the average student that I used to be. However, not only has Juntos helped me grow, but it also has helped my parents too. This club enlightens our parents by teaching them about the American education system. This teaching is something my family and I will forever be grateful for, mostly because my mom never understood the process when I explained it to her.

My thanks do not just go the Juntos program, but to my Juntos mentors. Beatriz has been my mentor since my freshman year of high school, and although it was her first year working with Juntos, she connected instantly with all of us. Her passion for higher education and motivation to see us succeed was contagious. Not only do I love and appreciate her, but so do my parents. My parents appreciate all of Juntos team that works so hard to help us succeed. So, thank you Juana, Diana, Gina, Beatriz, and Stephany, just to mention a few names, for being there, either directly interacting with me, or pulling the string behind the scenes. Even after I graduate, I will remember where the dreams all started: in an after-school club surrounded by people that support my future goals. One day, like all of you, I will give back to my community by helping the generations that come after me and not forgetting the wonderful opportunity I have had to be a part of the Juntos family.

La familia de Juntos
Por Janette Ramirez

He sido parte de Juntos desde el octavo grado, y en cierto modo me defino como la primera generación. Cuando me uní en 2014, Juntos ofrecía a los estudiantes seguridad y un lugar donde podíamos encontrar una familia. Y durante los últimos cuatro años Juntos se ha convertido en mucho más, porque es un lugar que no tiene juicios, nos ha ayudado a muchos de nosotros a crecer y hemos llegado a encontrar un sistema de apoyo con los mentores y amigos.

Juntos se hizo específicamente para estudiantes hispanos, y en cada reunión interactuamos y compartimos nuestras opiniones. Muchos de nosotros pasamos por las mismas dificultades en la escuela, tal vez con nuestra familia e incluso como latinos en este país. Y nunca en mis cuatro años con Juntos me he sentido juzgado o excluida. Somos una familia por miedo de las similitudes que nos unen, ayudándonos mutuamente en las batallas que enfrentamos como hispanos. Esto es algo único Juntos, porque además de nuestras luchas, los alimentos que comemos, las actividades en las que nos gusta participar y la música que escuchamos y amamos nos conectan como una sola comunidad. Cuando tuve la oportunidad de ir a la academia, me sorprendió cómo no importaba dónde vivíamos, lo que nos une supera nuestra distancia el uno del otro. Academy es una semana que pasamos en NC State University aprendiendo todo sobre la vida universitaria, conviviendo con estudiantes de Juntos de todo Carolina del Norte. Y fue como que la comunidad que había venido a encontrar en Juntos en casa había crecido de tamaño.

Al igual que la oportunidad de pasar una semana en NC State University, Juntos ofrece muchas oportunidades mas para crecer como estudiantes y aprender todo lo que necesitamos para convertirnos en ciudadanos exitosos y productivos. Desde los clubes de los jueves, hasta las noches familiares y las oportunidades de verano, todos ellos nos ofrecen información valiosa que nos ayuda a alcanzar nuestras metas y sueños, sueños que muchos de nosotros pensamos que no eran realistas ni obtenibles. Y todo esto gracias a las numerosas sesiones de información y la orientación de nuestros mentores. He visto a muchos de mis amigos a través de los años convertirse en estudiantes exitosos debido a Juntos, incluyéndome a mí. Juntos ha ayudado a motivarme y darme cuenta de que el futuro es algo de lo que hay que entusisarme, y me ayudó a crecer del estudiante promedio que solía ser. Pero no solo me ha ayudado a crecer, también ha ayudado a mis padres. Este club ilumina a nuestros padres, enseñándoles sobre el sistema de educación estadounidense. Algo que mi familia y yo siempre agradecemos, sobre todo porque mi madre nunca entendió cuando se lo explicaba.

Aunque mi agradecimiento no solo va al programa Juntos, sino a mis mentores de Juntos. Beatriz ha sido mi mentora desde mi primer año en la escuela secundaria, y aunque fue su primer año trabajando con Juntos, se conectó instantáneamente con todos nosotros. Su pasión por la educación superior y la motivación para vernos triunfar fue contagiosa. No solo yo la amo y aprecio, sino también mis padres. Mis padres aprecian a todo el equipo de Juntos que trabaja tan duro para ayudarnos a tener éxito. Así que gracias a Juana, Diana, Gina, Beatriz y Stephany, solo por mencionar algunos nombres, por estar allí, interactuando directamente conmigo o trabajando detrás de la escena. Incluso después de graduarme recordaré dónde empezaron los sueños, en un club después de la escuela rodeado de personas que apoyan mis metas. Y un día, como todos ustedes, devolveré a mi comunidad, ayudando a las generaciones que vienen detrás de mí, sin olvidar la maravillosa oportunidad que se me brinda de ser parte de la familia Juntos.

Juntos
By Luis Zavala-Cervantes

Juntos is a club where Latinos come together (Juntos in English means "together"). If you are just joining it for the first time, there is a welcoming vibe in the air like you've been there before. This organization has also helped me understand the process of how to get into, how to apply for, and what to expect at college.

I want Wake County to know that immigrant and first-generation students can work just as hard as any other student. We can achieve the same career other students want and may even care more about getting that career more than our own peers. I have gone to NC State for a workshop and had a change to meet different colleges there to talk to them, ask what classes they have, and ask what their GPA, SAT, and ACT score expectations are.

In addition to helping us prepare for college, Juntos also invte guests to talk to us about what it's like living as a Latino in school. For example, on occasion, a lady came in and talked about how she got to open her own business and about her process to get her own shop. Because of her hard work, she now has many different shops in Durham. That guest speaker helped me think about how I may open my own business since I want to open my own mechanic shop.

Juntos is also something that I look forward to at the end of every Thursday and I enjoy it especially when we have guest speakers that we can relate to. They tell us about how they overcame struggles while growing up, how they achieved, and how they got to where they are now. My mom is glad I joined this club because she sees that I'm more involved in school through being a part of Juntos.

Juntos
Por Luis Zavala-Cervantes

Juntos es un club donde los latinos se reúnen (Juntos en inglés significa "juntos"). Si te estás uniendo por primera vez, hay una vibra de bienvenida en el aire como si hubieras estado allí antes. Esta organización también me ayudó a comprender el proceso de cómo ingresar, cómo postularse y qué esperar en la universidad. Quiero que el condado de Wake sepa que los estudiantes inmigrantes y de primera generación pueden trabajar igual de duro que cualquier otro estudiante. Podemos lograr la misma carrera que otros estudiantes desean e incluso podemos preocuparnos más por obtener esa carrera que nuestros propios compañeros. He ido a NC State para un taller y tuve un cambio para reunirme con diferentes universidades para hablar con ellos, preguntar qué clases tienen y preguntar cuáles son sus expectativas de puntaje de GPA, SAT y ACT.

Además de ayudarnos a prepararnos para la universidad, Juntos también invita a los invitados a hablar con nosotros sobre cómo es vivir como un latino en la escuela. Por ejemplo, en ocasiones, una señora entró y habló sobre cómo abrió su propio negocio y sobre su proceso para conseguir su propia tienda. Debido a su arduo trabajo, ahora tiene muchas tiendas diferentes en Durham. Ese orador invitado me ayudó a pensar en cómo puedo abrir mi propio negocio porque quiero abrir mi propia tienda de mecánica.

Juntos también es algo que espero con ansias al final de cada jueves y lo disfruto especialmente cuando tenemos oradores invitados con los que nos podemos relacionar. Nos cuentan sobre cómo superaron las luchas mientras crecían, cómo lograron y cómo llegaron a donde están ahora. Mi madre está contenta de haberme unido a este club porque ve que estoy más involucrada en la escuela al ser parte de Juntos.

Juntos
By Andrea Cervantes

Juntos is a club made up of young adults; it is a place where people, specifically Latino/a students can feel safe and involved. Juntos gives us a chance to be involved in school and be aware of new opportunities. It is a place where people can find comfort and support. As part of Juntos, we help enact change to help others and make a better community. Juntos is in many ways a very helpful organization.

Juntos is about bringing people together to help others and to accomplish good things. As a club, we try to make a better world together. We try to help people be more sociable and help them speak out more. To me, Juntos means that we will always stay together through all the situations. It is a great opportunity to be involved in our community and to be a source of inspiration.

Juntos can be inspiring because we have guest speakers who we can relate to and learn things from. We help others by volunteering at community events. As a club, we try and involve people in things by doing group activities. We always do things together and keep everyone involved. Students in Juntos can find help with schoolwork through people in the club.

I would want the community to know that together, as a Hispanic community, we can make changes. As first-generation students, we are capable of achieving things as much as other students. I want them to know that Juntos can have a big impact on the community and is very helpful. I would let them know that we can really help in schools and around the community.

Juntos
Por Andrea Cervantes

Juntos es un club formado por jóvenes adultos; es un lugar donde las personas, específicamente los estudiantes latinos, pueden sentirse seguros e involucrados. Juntos nos da la oportunidad de participar en la escuela y estar al tanto de las nuevas oportunidades. Es un lugar donde la gente puede encontrar consuelo y apoyo. Como parte de Juntos, ayudamos a implementar cambios para ayudar a otros y crear una mejor comunidad. Juntos es en muchos sentidos una organización muy útil.

Juntos se trata de unir a las personas para ayudar a los demás y lograr cosas buenas. Como club, tratamos de hacer un mundo mejor juntos. Tratamos de ayudar a las personas a ser más sociables y ayudarlas a hablar más. Para mí, Juntos significa que siempre permaneceremos juntos a través de todas las situaciones. Es una gran oportunidad para involucrarse en nuestra comunidad y ser una fuente de inspiración.

Juntos puede ser inspirador porque tenemos oradores invitados con quienes nos podemos relacionar y aprender cosas. Ayudamos a otros como voluntarios en eventos comunitarios. Como club, tratamos de involucrar a las personas en las cosas haciendo actividades grupales. Siempre hacemos cosas juntos y mantenemos a todos involucrados. Los estudiantes en Juntos pueden encontrar ayuda con las tareas escolares a través de las personas en el club.

Me gustaría que la comunidad sepa que, juntos, como comunidad hispana, podemos hacer cambios. Como estudiantes de primera generación, somos capaces de lograr cosas tanto como otros estudiantes. Quiero que sepan que Juntos puede tener un gran impacto en la comunidad y es muy útil. Les haría saber que realmente podemos ayudar en las escuelas y en la comunidad.

Juntos
By Erik Modesto-Reyes

Juntos translated in English means "together." This club brings Hispanic and Latino students together. Not only does Juntos focus on our academics, but also it allows us to participate in volunteer within the community. Juntos gives us the opportunity to talk a lot about our successes and what we can do in order to accomplish something since there are not many Hispanic or Latino people with a career goal. It's a great program because it invites different guest speakers to explain to us about their career and background.

I remember asking my cousin about the program she was in and talked to Miss Bearitz to see if I could join Juntos for the following year. Juntos changed my life because I met new people from Garner High through being a part of the club that they were in. I was nervous at first and constantly got lost while trying to find the location of the meeting, but now I'm used to it. Some experiences were the Family Night Plans that were held in the library; it was great because we got to communicate with different people and their parents. They brought in professors from NCSU, UNC, and many others to teach us how to become successful in the future.

In the meetings, there are announcements for additional opportunities such as interview videos, writing team, and much more. I recently joined the Leadership Team because I have a connection to different areas that aren't in Garner and other considerable ideas, which I'm surprised at. Some of the announcements were volunteering services in Garner; for example, we set-up events they began and collaborated with those people. They appreciated how Hispanic people wanted to serve their community alongside with them. I'll constantly volunteer because I enjoy helping people and seeing them smile at our hard work during set-ups.

I want Wake County to understand that we may be different from everyone else due to our family background as immigrants, but we have an opportunity to make a difference in the world. We, the first-generation children, have goals to accomplish and reasons to inspire other people to continue their education. Seeing other Hispanic people accomplish their goals or careers made me determined to complete my education and to become a mentor for younger people. I appreciated what Juntos has done to me because it has made me become a great person.

Juntos
Por Erik Modesto-Reyes

Juntos traducido en inglés significa "juntos". Este club reúne a estudiantes hispanos y latinos. Juntos no solo se enfoca en nuestros académicos, sino que también nos permite participar como voluntarios dentro de la comunidad. Juntos nos da la oportunidad de hablar mucho sobre nuestros éxitos y lo que podemos hacer para lograr algo, ya que no hay muchas personas hispanas o latinas con un objetivo profesional. Es un gran programa porque invita a diferentes oradores invitados a explicar su carrera y antecedentes.

Recuerdo haberle preguntado a mi primo sobre el programa en el que ella estaba y haber hablado con la Srta. Bearitz para ver si podía unirme a Juntos para el año siguiente. Juntos cambió mi vida porque conocí gente nueva de Garner High por ser parte del club en el que estaban. Al principio estaba nervioso y me perdía constantemente mientras trataba de encontrar la ubicación de la reunión, pero ahora estoy acostumbrado a eso. Algunas experiencias fueron los Planes de Noche Familiar que se llevaron a cabo en la biblioteca; fue genial porque tuvimos que comunicarnos con diferentes personas y sus padres. Trajeron profesores de NCSU, UNC y muchos otros para enseñarnos cómo tener éxito en el futuro.

En las reuniones, hay anuncios de oportunidades adicionales, como videos de entrevistas, equipos de redacción y mucho más. Recientemente me uní al Equipo de Liderazgo porque tengo una conexión con diferentes áreas que no están en Garner y otras ideas considerables, lo cual me sorprende. Algunos de los anuncios fueron servicios de voluntariado en Garner; por ejemplo, configuramos eventos que comenzaron y colaboraron con esas personas. Apreciaron cómo los hispanos querían servir a su comunidad junto con ellos. Seré voluntario constantemente porque disfruto ayudar a las personas y verlas sonreír por nuestro arduo trabajo durante las configuraciones.

Quiero que el condado de Wake entienda que podemos ser diferentes de los demás debido a nuestro pasado familiar como inmigrantes, pero tenemos la oportunidad de hacer una diferencia en el mundo. Nosotros, los niños de la primera generación, tenemos metas que cumplir y motivos para inspirar a otras personas a continuar su educación. Al ver a otras personas hispanas lograr sus metas o carreras, me determiné a completar mi educación y convertirme en un mentor para las personas más jóvenes. Aprecié lo que Juntos me ha hecho porque me ha convertido en una gran persona.

AUTHOR BIOGRAPHIES

BIOGRAFÍAS DEL AUTOR

About the Author:
Janette Ramirez

   Janette Ramirez was born in Los Angeles, California, but raised in Raleigh, North Carolina. She is a feminist who also believes in equal rights for all Latino students in America. Janette is a junior in Garner Magnet High School, and has many dreams for her future, one being getting a masters in Speech Pathology. Her family is from El Salvador, and although her parents migrated to America, they now have the privilege to call themselves American Citizens. She is the youngest out of two sisters. Through all the work her parents have dedicated, she is who she is today: an honors student ready to succeed and accomplish all her short and long-term goals. Janette is involved in many after school activities and is an active member in her church. For fun, Janette reads books, plays her musical instruments, and showers her dogs with all her love.

Sobre el Autor:
Janette Ramirez

Janette Ramirez nació en Los Ángeles, California, pero crió en Raleigh, Carolina del Norte. Ella es una feminista que también cree en la igualdad de derechos para todos los estudiantes latinos en Estados Unidos. Janette es estudiante de tercer año en Garner Magnet High School y tiene muchos sueños para su futuro, uno de ellos es obtener una maestría en Patología del habla. Su familia es de El Salvador, y aunque sus padres emigraron a Estados Unidos, ahora tienen el privilegio de llamarse Ciudadanos Estadounidenses. Ella es la más joven de dos hermanas. Y a través de todo el trabajo que sus padres han dedicado, ella es quien es hoy, una estudiante de honor lista para triunfar y lograr todos sus objetivos a corto y largo plazo. Janette está involucrada en muchas actividades después de la escuela, y es un miembro activo en su iglesia. Para divertirse, Janette lee libros, toca sus instrumentos musicales y ducha a sus perros con todo su amor.

About the Author:
Luis Zavala-Cervantes

Luis Zavala-Cervantes was born in Raleigh, North Carolina, lived in Mexico for 2 years, and then moved back to NC. He is the eldest of the four siblings and is a role model to his younger siblings. Luis is a junior at Garner High School and wants to pursue a degree and career in mechanical engineering. Although he experienced the divorce of his parents and did not have his father around as he was being raised, his stepdad and role model raised him and he loves him very much.

Sobre el Autor:
Luis Zavala-Cervantes

Luis Zavala-Cervantes nació en Raleigh, Carolina del Norte y creció en México durante 2 años y regresó a Carolina del Norte. Él es el mayor de los hermanos y es un modelo a seguir para sus hermanos menores. Luis es un estudiante de tercer año en Garner High School y quiere seguir una carrera en ingeniería mecánica. A la joven edad de 2 años, sufrió el divorcio de sus padres y no ha oído hablar de su padre en 15 años, pero está contento con la vida que tiene. Su padrastro lo cuido desde la edad de 4 años, también su modelo a seguir desde entonces, y lo amaba como su padre y no como su padrastro.

About the Author:

Andrea Isabel Zavala-Cervantes

Andrea Isabel Zavala-Cervantes was born and raised in Raleigh, North Carolina. She was born on August 11, 2003 and is one of four children. She is a freshman at Garner Magnet High School and wants to be a pediatrician when she is older. She lives with her mother, step-father, two brothers, and a sister. Her family is from Hidalgo and Oaxaca, Mexico.

Sobre el Autor:

Andrea Isabel Zavala-Cervantes

Andrea Isabel Zavala-Cervantes nacio y crecio in Raleigh, Carolina del Norte. Ella nacio el 11 de Agosto del 2003 y es una de quatro hijos. Ella es una freashman en Garner Magnet High School y ella quiere ser pediatra cuando cresca. Ella vive con su madre, padrastro, dos hermanos y una hermana. Su familia es de Hidalgo y Oaxaxa, Mexico.

About the Author:
Briza Reyes-Cruz

Briza Reyes-Cruz is a 17-year-old Mexican, born and raised in Raleigh, North Carolina. She is an active advocate for feminism and Latino pride. She is the youngest and only female of three children. She is an aspiring musical performer and graphic designer. Around the age of 13, she suffered through her parents' divorce that would split her family in two until she turned 15. She was able to overcome this difficulty and turn it into an inspiration for other people and her music. Briza spends most of her days playing music with her siblings in Zion Worship at Northpark Church. She hopes for a future in music and a world free from discrimination.

Sobre el Autor:
Briza Reyes-Cruz

Briza Reyes-Cruz es una mexicana de 17 años, nacida y criada en Raleigh, Carolina del Norte. Ella es una activa defensora del feminismo, el orgullo latino y la palabra de Cristo. Ella es la más joven y única mujer de tres hijos. Ella es una aspirante a intérprete musical y diseñadora gráfica. Alrededor de la edad de 13 años sufrió el divorcio de sus padres que dividiría a su familia en dos hasta que cumplió 15 años. Ella fue capaz de superar esta dificultad y convertirla en una inspiración para otras personas y su música. Briza pasa sus días tocando música con sus hermanos en Zion Worship en Northpark Church. Ella espera un futuro en la música y un mundo libre de discriminación.

About the Author:
Zuriel Gil-Badillo

Zuriel Gil-Badillo was born in Raleigh, North Carolina. Zuriel was raised in Fuquay-Varina, NC all my life. She is the middle child and has 2 sisters-- one older and one younger than she is. Zuriel is a Jjnior at Garner Magnet High School and is still thinking what she wants to do in the future. Zuriel is Nicarauence and Mexican. Zuriel lives with her parents and siblings. Zuriel is 16 years old.

Sobre el Autor:
Zuriel Gil-Badillo

Zuriel Gil-Badillo nació en Raleigh, Carolina del Norte.
Zuriel creció en Fuquay-Varina, Carolina del Norte toda mi
vida. Ella es la hija del medio y tiene 2 hermanas, una más
vieja y una más joven que ella. Zuriel es un Júnior en
Garner Magnet High School y todavía piensa lo que quiere
hacer en el futuro. Zuriel es nicaragüense y mexicano.
Zuriel vive con sus padres y hermanos. Zuriel tiene 16 años.

About the Author:
Kevin Garcia-Galindo

Kevin Garcia-Galindo was born in Raleigh, North Carolina on September 6, 2001. Kevin is the oldest of three and he has a younger brother and sister. Kevin isn't sure what he wants to do for the rest of his life. He's indecisive about what he wants to major in when he gets to college. If there's one thing you can count on is that he'll make it to college.

Kevin became president of the Juntos club during the 2017-2018 school year and works hard everyday to be the leader that he can be. He knows that the only person worth comparing himself to is himself. He always strives to wake up everyday and become a better version of himself. His role model to follow is Jay Z. He wants to venture out into the entrepreneurial business and become his own boss-- he just doesn't know in what. Kevin doesn't know what the future holds for him, but he knows that whatever curveball life throws at him, he'll make the best of it.

Sobre el Autor:
Kevin Garcia-Galindo

Kevin Garcia-Galindo nació en Raleigh, Carolina del Norte el 6 de septiembre de 2001. Kevin es el mayor de tres hermanos y tiene un hermano y una hermana menores. Kevin no está seguro de lo que quiere hacer por el resto de su vida. Está indeciso sobre lo que quiere especializarse cuando llega a la universidad. Si hay algo con lo que puedes contar es que llegará a la universidad. Kevin se convirtió en presidente del club juntos durante el año escolar 2017-2018 y trabaja duro todos los días para ser el líder que puede ser. Él sabe que la única persona que vale la pena compararse es él mismo. Él siempre se esfuerza por despertarse todos los días y convertirse en una mejor versión de sí mismo. Su modelo a seguir es Jay Z. Quiere aventurarse en el negocio empresarial y convertirse en su propio jefe, simplemente no sabe en qué. Kevin no sabe lo que depara el futuro para él, pero él sabe que cualquiera que sea la vida de curva que le ofrezca, hará lo mejor que pueda.

About the Author:
Aldo German Galvan Hernandez

Aldo German Galvan Hernandez is a 17-year-old Mexican national living in North Carolina. He immigrated to the United States of America at the age of 2 with his mother. He is the eldest of 3 siblings and has a job working for his step-father's restaurant. Aldo is an avid fan of 90's hip-hop and classic cinema. Aldo dreams of working in a medical institution so that he could assist people in their time of need.

Sobre el Autor:
Aldo German Galvan Hernandez

Aldo German Galvan Hernandez es un mexicano de 17 años que vive en Carolina del Norte. Emigró a los Estados Unidos de América a la edad de 2 años con su madre. Él es el mayor de 3 hermanos y tiene un trabajo en el restaurante de su padrastro. Aldo es un fanático ávido del hip-hop y el cine clásico de los 90. Aldo sueña de un trabajo en una institución médica para poder ayudar a las personas en su momento de necesidad.

About the Author:
Erik Modesto-Reyes

Erik Modesto-Reyes was born in Chapel Hill, NC on June 29, 2003. He was raised in Garner, NC. He's the eldest and has one younger sister. He attended Vernon Malone College and Career Academy as a freshman. Erik enjoys serving his community and going to different areas to help others. His career goal is to become a mechanical engineer and become a professor within the department of engineering.

Sobre el Autor:
Erik Modesto-Reyes

Erik Modesto-Reyes nació en Chapel Hill, Carolina del Norte el 29 de junio de 2003. Creció en Garner, Carolina del Norte. Él es el mayor y tiene una hermana menor. Asiste a Vernon Malone College y Career Academy en su primer año. Erik disfruta de servir a su comunidad e ir a diferentes áreas para ayudar a otros. Su objetivo profesional es convertirse en ingeniero mecánico y convertirse en profesor en el departamento de ingeniería.

These photos are culmuliations of the Juntos NC experience, which the authors are a part of.

Used with permission from Juntos students and Juntos staff.

Estas fotos son culmuliations de la experiencia Juntos NC, que los autores son parte de.

Usado con permiso de los estudiantes de Juntos y Personal de Juntos.

Juntos Writing Team: Authors of the book in writing process stage

Juntos writing team brainstorming

Juntos Students at Juntos Summer Academy at NC State University

Juntos Students from regions of NC

Juntos authors with Dr. Crystal Lee and Ms. Stephany Meija

About JUNTOS

Our Mission:

The Mission of the Juntos Program is to help Latino students achieve high school graduation and attend higher education.

What is Juntos:

Juntos (pronounced "Who-n-toes") means "Together" in Spanish and works to unite community partners to provide Latino 8-12th grade students and their parents with knowledge, skills, and resources to prevent youth from dropping out and to encourage families to work together to gain access to college. Research shows that Latino youth are at greatest risk for dropping out of school between the 9th and 10th grades. The Juntos Program reduces this risk by bringing together cohorts of 8th grade youth to support each other for 3-5 years as they enter high school and prepare together for higher education. The multifaceted partnerships between Extension's 4-H and FCS agents, school and college administrators and staff, and other community volunteers are what makes the Juntos Program a sustainable success in many communities across the US.

Our Four Components:

The Juntos Program is an intensive long-term program made up of four components:

1. **Juntos Family Engagement** via a 5- or 6-week workshop series and other family nights and family events
2. Reliable **Juntos 4-H Clubs** with a focus on tutoring, public speaking, life skills, and community service
3. **Monthly One-On-One Success Coaching** and/or **Mentoring** by an adult who monitors their academics and coaches them to achieve their academic goals
4. **Juntos Summer Programming** that includes the Juntos Summer Academy, and other local 4-H summer programs and events.

Our Objectives:

1. Increase family engagement that leads to students' educational success
2. Increase the sense of belonging among Latino students and families in their schools and communities
3. Increase Latino student success by improving student attendance and grades, and achieving high school graduation
4. Increase the percentage of Latino students attending higher education

For more information, visit: http://juntosnc.com/about/

NC State College of Education

The college is at the nexus of two high-tech hubs: NC State, a preeminent research university with elite science, technology and math programs; and Raleigh, a cradle of the next wave of tech entrepreneurship.
In that cutting-edge context, the College of Education offers graduate and undergraduate students a personalized experience that equips them for the ever-changing 21st-century classroom. Small classes, cohesive student cohorts and a tight focus on applying research make us a national leader in student success. Visit https://ced.ncsu.edu/about-us/ for more information.

Department of
Teacher Education and Learning Sciences

We articulate our vision through our commitment to:
- Developing highly effective teachers in our disciplines through undergraduate and graduate teacher education.
- Inspiring culturally competent educators who are committed to equity and social justice.
- Advancing digital technologies into the professional preparation of teachers and other education professionals.
- Changing the field of education by engaging in research that addresses current challenges.
- Discovering, disseminating and producing new knowledge in our disciplines.

BACK COVER TRANSLATION

CUBIERTA TRASERA TRADUCCIÓN

En este libro bilingüe, Las raíces de nuestra gente: de un mundo a otro - Juntos, los estudiantes de secundaria de Juntos NC ilustran las raíces de "de dónde vienen" para demostrar la fortaleza de la comunidad latina. En una colección de poemas, ensayos, viñetas, memorias y cartas a la comunidad, estos autores definen y abrazan el poder, los desafíos y el orgullo de vivir en dos mundos, uno dentro de sus familias y comunidades latinas, y el otro en sus académicos mundo. Estos mundos no están separados, sino integrados, y son sus intersecciones los que tejen sus valores juntos. En resonantes voces individuales y colectivas, los autores describen cómo abrazan las raíces de su gente mientras persiguen la educación superior, promueven nuevas oportunidades y abogan por la comunidad inmigrante en Estados Unidos. Son las dualidades de sus identidades que los mueven a escribir y proclamar con valentía las fortalezas, los activos, el poder y la perseverancia de su gente.